AF124190

www.ingramcontent.com/pod-product-compliance
Lightning Source LLC
LaVergne TN
LVHW010417070526
838199LV00064B/5329

* 9 7 8 9 3 5 8 7 2 7 1 8 0 *

علم و ادب کے روشن مینار

(مضامین)

(مجلہ 'صدائے شبلی' [حیدرآباد] کے شماروں سے منتخب شدہ مضامین)

مرتب:

ڈاکٹر محامد ہلال اعظمی

© Taemeer Publications LLC
Ilm-o-Adab ke raushan Minaar *(Essays)*
By: Dr Muhamid Hilal Azmi
Edition: February '2024
Publisher :
Taemeer Publications LLC (Michigan, USA / Hyderabad, India)

ISBN 978-93-5872-718-0

9 789358 727180

مصنف یا ناشر کی پیشگی اجازت کے بغیر اس کتاب کا کوئی بھی حصہ کسی بھی شکل میں بشمول ویب سائٹ پر اَپ لوڈنگ کے لیے استعمال نہ کیا جائے۔ نیز اس کتاب پر کسی بھی قسم کے تنازع کو نمٹانے کا اختیار صرف حیدرآباد (تلنگانہ) کی عدلیہ کو ہو گا۔

© تعمیر پبلی کیشنز

کتاب	:	علم و ادب کے روشن مینار
مرتب	:	ڈاکٹر محامد ہلال اعظمی
صنف	:	مضامین و خاکے
ناشر	:	تعمیر پبلی کیشنز (حیدرآباد، انڈیا)
سالِ اشاعت	:	سنہ ۲۰۲۴ء
صفحات	:	۴۲
سرورق ڈیزائن	:	تعمیر ویب ڈیزائن

فہرست

(۱)	خواجہ اجمیری	ڈاکٹر محمد رفیق	6
(۲)	ناصر کاظمی	ڈاکٹر سمیہ تمکین	9
(۳)	محمد انوار اللہ فاروقی	امۃ الصبیحہ	13
(۴)	مولانا امداد اللہ رشیدی	ڈاکٹر عبد الرؤف	14
(۵)	سید نصیر الدین شاہ چراغ دکن	سید شاہ محمد خیر الدین	17
(۶)	احسن مفتاحی	ڈاکٹر مختار احمد فردین	18
(۷)	سید بابا شہاب الدین سہروردی عراقی	سید شاہ محمد خیر الدین	20
(۸)	ڈاکٹر محی الدین قادری زور	آصفیہ شمیم	22
(۹)	سید مظاہر الدین شاہ چشتی قادری	سید شاہ محمد خیر الدین	25
(۱۰)	عبد الغفور نساخ	پروفیسر مظفر علی شہ میری	26
(۱۱)	قمر رئیس	ڈاکٹر جمیلہ بی بی	32
(۱۲)	محمد رفیع الدین قندھاری	سید شاہ محمد خیر الدین	36
(۱۳)	سید شاہ شجاع الدین علی حسنی حسینی	سید شاہ محمد خیر الدین	37
(۱۴)	ڈاکٹر راحت سلطانہ	ڈاکٹر نوری خاتون	38

ڈاکٹر محمد رفیق

گیسٹ فیکلٹی شعبہ عربی مولانا آزاد نیشنل اردو یونیورسٹی حیدرآباد

خواجہ اجمیریؒ— نمونۂ دعوت دین

﴿وَمَنْ أَحْسَنُ قَوْلاً مِّمَّن دَعَا إِلَى اللَّهِ وَعَمِلَ صَالِحاً وَقَالَ إِنَّنِي مِنَ الْمُسْلِمِينَ﴾ (فصلت :۳۳)

"اوراس سے زیادہ اچھی بات والا کون ہے جواللہ کی طرف بلائے اورنیک کام کرے اور کہے کہ میں یقیناً مسلمانوں میں سے ہوں"

قرآن کی دعوت اللہ کی طرف بلانے کی دعوت ہے، انسان کواس کے رب سے جوڑنا، انسان کوخدا کی یاد میں جینے والا بنانا، انسان کے اندر یہ شعورابھارنا کہ وہ ایک خدا کومرکز توجہ بنالے ،یہی قرآنی دعوت کا اصل منشأ ہے اور بلاشبہ اس پکار سے بہتر کوئی پکارنہیں۔

مگرخدا کا داعی صرف وہ شخص بنتا ہے جواپنی دعوت میں اس حدتک سنجیدہ ہوکہ جوکچھ وہ دوسروں سے منوانا چاہتا ہے اس کووہ خودسب سے پہلے مان چکا ہو، وہ دوسروں سے جو کچھ کرنے کے لئے کہہ رہا ہے،خودسب سے پہلے اس کا کرنے والا بن جائے۔

داعی کا سب سے بڑا ہتھیار یہ ہے کہ وہ لوگوں کے ساتھ ایک طرفہ حسن سلوک کرے، دوسرے لوگ برائی کریں،تب بھی وہ دوسروں کے ساتھ بھلائی کرے، وہ اشتعال کے مقابلے میں اعراض اوراذیت کے مقابلہ میں صبر کا طریقہ اختیار کرے، یکطرفہ حسنِ سلوک میں اللہ تعالیٰ نے زبردست تسخیری قوت رکھی ہے، خدا کا داعی خدا کی اس بنائی ہوئی فطرت کو جانتا ہے اوراس کو آخری حدتک استعمال کرتا ہے، خواہ اس کے لئے اس کو اپنے جذبات کوکچلنا پڑے۔

تاریخ کا مطالعہ کرنے سے پتہ چلتا ہے کہ اسلامی دنیا کے لئے ہندوستان کی دریافت گویا کہ ایک نئی دنیا کی یافت تھی، اورایک طرح سے یہ ایک انقلاب انگیز اورعہد آفریں واقعہ تھا، یوں تو پہلی صدی ہجری ہی میں اسلام کے حوصلہ مند دستے آنے شروع ہوگئے تھے اور۹۳ھ میں محمد بن قاسم ثقفی نے سندھ سے ملتان تک کے علاقہ کواپنی شمشیر واخلاق سے تسخیر کرلیا تھا اوراس برصغیر میں چھوٹے چھوٹے دعوت کے مرکز اور خانقاہیں قائم ہوچکی تھیں، لیکن ہندوستان کی حقیقی فتح کا سہرا سلطان محمود غزنوی کے سراور مستحکم اور مستقل اسلامی سلطنت کے قیام کی سعادت سلطان شہاب الدین محمد غوری کے حصہ میں تھی اورآخری طور پراس کی روحانی تسخیر اور اخلاقی و ایمانی فتح حضرت خواجہ بزرگ شیخ الاسلام معین الدین چشتی کے لئے مقدر ہوچکی تھی، حکمت الٰہی نے چاروں مشہور روحانی سلسلے قادریہ، چشتیہ،نقشبندیہ اورسہروردیہ میں سے ہندوستان کی روحانی فتح اوراس سرزمین پر اسلام کا پودا نصیب کرنے کے لئے چشتی سلسلہ کا انتخاب فرمایا۔

خواجہ ابومحمد چشتیؒ اس سلسلہ کے سب سے پہلے بزرگ ہیں جنھوں نے ہندوستان کا رخ کیا، اوران کی دعاؤں کی برکت سے محمود غزنوی کوفتوحات حاصل ہوئیں؛ لیکن اللہ تعالیٰ نے خواجہ ابومحمد چشتی کے کام کی تکمیل اور اسلام کی عمومی اشاعت اور مستحکم اسلامی مرکز رشد وہدایت کا قیام چشتیہ سلسلہ کے ایک شیخ الشیوخ خواجہ معین الدین چشتی کے لئے مقدر کردیا تھا، آپ نے قدیم ہندوستان کے سیاسی اور روحانی مرکز اجمیر کواپنے قیام کے لئے انتخاب فرمایا جو راجپوت حکومت وسیاست اور ہندو مذہب و روحانیت کا بہت بڑا مرکز تھا،اجمیر میں قیام کا فیصلہ آپ کے عالی ہمتی اور جرأت ایمانی کی دلیل اور ایسا روشن کارنامہ ہے جس کی مثال صرف اورصرف مذہبی پیشواؤں اور فاتحین عالم کی تاریخوں میں ملتی ہے، آپ نے اس شہر سے دعوتی مشن کوآگے بڑھایا اور دعوت دین کے فکر کے پودے کونصب کیا، آپ کے استقلال و اخلاص، توکل واعتماد اورزہد وقربانی نے سرزمین ہند کی تقدیر بدل دی، جوسرزمین ہزاروں برس سے صحیح یقین اورصحیح معرفت سے محروم اورتوحید کی صداقت سے ناآشنا تھی، وہ علماء اوراولیاء کی سر

زمین اور علوم اسلامیہ ودینیہ کی محافظ وامین بن گئی، اور جس سرزمین کے باشندے شرک و بت پرستی میں مبتلا تھے اور اینٹ، پتھر، درخت و جانور، گائے وگوبر کو سجدہ کرتے تھے اور جنہوں نے کبھی اللہ اکبر کی صدا نہیں سنی تھی، خواجہ معین الدین چشتیؒ کی اس سرزمین پر مبارک قدم اور روحانی دعوت نے ان کے دلوں کی دنیا بدل دی اور کفر وشرک کی ظلمت وتاریکی سے نکال کر ان کے دلوں کو اسلام کے نور سے روشن کر دیا، حضرت خواجہ کے دعوت دین کی تاثیر اس ملک میں اس طرح پھیلی کہ شعائر شرک کی جگہ مسجد ومحراب نظر آنے لگے، اور فضاؤں میں اللہ اکبر کی صدا گونجنے لگی، سیر الاولیاء کے مصنف نے مندرجہ ذیل الفاظ میں اس واقعہ کو بیان کیا ہے:

''اس ملک ہندوستان میں جس کو دولت اسلام ملی اور قیامت تک جو بھی اس دولت سے مشرف ہوگا، نہ صرف وہ؛ بلکہ اس کی اولاد در اولاد، نسل در نسل سب ان کے نامۂ اعمال میں ہوں گے اور اس میں قیامت تک جو بھی اضافہ ہوتا رہے گا اور دائرہ اسلام وسیع ہوتا رہے گا، قیامت تک اس کا ثواب شیخ الاسلام معین حسن سنجری کی روح کو انشاء اللہ پہونچتا رہے گا''

قرآن پاک کی آیت کریمہ: ﴿ أَلَا إِنَّ أَوْلِيَاءَ اللَّهِ لَا خَوْفٌ عَلَيْهِمْ وَلَا هُمْ يَحْزَنُونَ ﴾ (یونس:٦٢) ''یاد رکھو کے اللہ کے دوستوں پر نہ کوئی اندیشہ ہے اور نہ وہ غمگین ہوتے ہیں'' سے اس بات کی طرف اشارہ ہے کہ اللہ کے سچے داعیوں کا گروہ وہ خدا کے دوستوں (اولیاء اللہ) کا گروہ ہے، اگرچہ کہ دعوت اس دنیا کے تمام کاموں میں مشکل ترین کام ہے، داعی اپنے وجود کو دعوتی عمل میں شامل کرلیتا ہے، اس کے بعد ہی یہ ممکن ہوتا ہے کہ وہ کسی پیغام کا داعی بن سکے، اس سے بھی سخت مرحلہ وہ ہے جو مخاطبین کی طرف سے پیش آتا ہے، اسی طرح کار نبوت کو انجام دینے کے لئے نبوی صفات کا حامل ہونا بھی ضروری ہوتا ہے، اور نبی جن مصائب اور مشقتوں سے دوچار ہوتا ہے ان کے وارثین جنہیں اللہ تعالیٰ کار نبوت کو انجام دینے کے لئے منتخب فرماتا ہے کو بھی مشکل ترین حالات کا سامنا کرنا پڑتا ہے، امت کو راہ راست پر لانے کی فکر اور دل میں تڑپ ان کی خصوصیت ہوتی ہے، جیسا کہ اللہ تعالیٰ نے اپنے پیارے نبی کے بارے میں فرمایا:

﴿ فَلَعَلَّكَ بَاخِعٌ نَّفْسَكَ عَلَىٰ آثَارِهِمْ إِن لَّمْ يُؤْمِنُوا بِهَٰذَا الْحَدِيثِ أَسَفًا ﴾ (الکہف:٦)

''پس اگر یہ لوگ اس بات پر ایمان نہ لائیں تو کیا آپ ان کے پیچھے اس رنج میں اپنی جان ہلاک کر ڈالیں گے؟''

اس آیت کریمہ سے یہ پتہ چلتا ہے کہ داعی اگر دعوت کے معاملہ میں سنجیدہ ہو تو شدت احساس سے اس کا کیا حال ہو جاتا، حقیقت یہ ہے کہ دعوت حق کا اتمام اس انتہا پر پہنچ کر ہوتا ہے، جب یہ کہا جانے لگے کہ داعی شاید اس غم میں اپنے آپ کو ہلاک کر دے گا کہ لوگ حق کی دعوت کو قبول نہیں کر رہے ہیں۔

ایک دعوت جو دلیل کے اعتبار سے بالکل واضح ہو، جس کو پیش کرنے والا دردمندی کی آخری حد پر پہونچ کر اس کو لوگوں کے لئے سنجیدہ غور وفکر کا موضوع بنا دے، اس کے باوجود لوگ اسے نہ مانیں تو اس کے نہ ماننے کی وجہ دنیا کی دل فریبیاں ہیں، موجودہ دنیا اتنی پرکشش ہے کہ آدمی اس سے اوپر اٹھ نہیں پاتا؛ اس لئے وہ ایسی دعوت کی اہمیت کو سمجھ نہیں پاتا، جو اس کی توجہات کو سامنے کی دنیا سے ہٹا کر اس دنیا کی طرف لے جا رہی ہے، جس کی رونقیں بظاہر دکھائی نہیں دیتیں، مگر زمین کی دل فریبیاں انتہائی عارضی ہیں، وہ امتحان کی ایک مقررہ مدت تک ہیں، اس کے بعد زمین کی یہ حیثیت ختم کردی جائے گی، یہاں تک کہ وہ صحراء کی طرح ایک خشک میدان ہو کر رہ جائے گی۔

ایک سچے داعی کی ہمیشہ یہی فکر ہوتی ہے کہ اللہ کے بندے شرک وبت پرستی کو ترک کر کے ایک خدا کی پرستش میں لگ جائیں، وہ اپنی ذات کو خدمت خلق اور دعوت دین میں فنا کر دیتا ہے، خواجہ اجمیریؒ کی ذات بابرکات ان تمام تر صفات حمیدہ کی حامل تھی، آپ نے اپنی دعوتی مشن کے فروغ کے لئے اجمیر جیسی سرزمین کا انتخاب کیا، جو طاقت ور ہندو راجاؤں کی حکومت اور کفر و شرک اور بت پرستی کا گہوارا تھی۔

اس سرزمین کو دعوت دین کا مرکز بنانا کوئی آسان کام نہ تھا؛ کیوں کہ وہاں دین کی بات ماننا تو دور کوئی سننے کے لئے تیار نہ تھا، مگر آپ نے بے خوف وخطر ارشاد وتلقین کا کام جاری رکھا، آپ کے اعمال حسنہ، حسن سلوک اور روحانی و دعوتی پیغام سے متأثر ہوکر جوق در جوق لوگ مشرف بہ اسلام ہوئے، بڑی سے بڑی حکومتی طاقت آپ کی جرأتِ ایمانی کے سامنے ٹک نہ سکی، اور آپ نے دعوتی میدان میں کام کرنے والوں کے لئے داعیوں کی حفاظت سے متعلق قرآنی آیت کا صحیح نمونہ پیش کیا، جیسا کہ اللہ تعالیٰ نے حضور ﷺ کو مخاطب کرتے ہوئے فرمایا:

﴿یَا أَیُّهَا الرَّسُولُ بَلِّغْ مَا أُنزِلَ إِلَیْکَ مِن رَّبِّکَ وَإِن لَّمْ تَفْعَلْ فَمَا بَلَّغْتَ رِسَالَتَهُ وَاللَّهُ یَعْصِمُکَ مِنَ النَّاسِ﴾(المائدہ :٦٧)

”اے رسول! جو کچھ بھی آپ کی طرف آپ کے رب کی جانب سے نازل کیا گیا ہے پہنچا دیجئے، اگر آپ نے ایسا نہ کیا تو آپ نے اللہ کی رسالت ادا نہیں کی، اور آپ کو اللہ تعالیٰ لوگوں سے بچالے گا“

شاعر اپنے دور کے سیاسی سماجی اور ادبی ماحول سے متاثر ہوئے بغیر نہیں رہ سکتا اور ان تبدیلیوں سے اس کا مکمل طور پر واقف ہونا اس کے شعور کی فعالیت کو ظاہر کرتا ہے اور یہیں سے وہ تجربہ پسندی کے لئے وجہ تلاش کرتا ہے اور اپنی شاعری میں اس کو برتتا ہے۔

حضرت خواجہ معین الدین چشتی اجمیریؒ فرماتے ہیں کہ جس شخص کے اندر تین باتیں پائی جائیں تو اللہ تعالیٰ اسے اپنا دوست رکھتا ہے۔

(۱) دریا جیسی سخاوت

(۲) آسمان جیسی شفقت

(۳) زمین جیسی عاجزی

ڈاکٹر سمیہ تمکین
اکیڈمی اسوسیٹ ڈاکٹر بی آر امبیڈکر اوپن یونیورسٹی

منفرد لب ولہجہ کا شاعر ناصر کاظمی

شاعر اپنے دور کے سیاسی سماجی اور ادبی ماحول سے متاثر ہوئے بغیر نہیں رہ سکتا ان تبدیلیوں سے اس کا مکمل طور پر واقف ہونا اس کے شعور کی فعالیت کو ظاہر کرتا ہے اور یہیں سے وہ تجربہ پسندی کے لئے وجہ تلاش کرتا ہے اور اپنی شاعری میں اس کو برتتا ہے۔ ۱۹۴۷ء کی تقسیم کے بعد جب زندگی نئی تشکیل کی طرف متوجہ ہونے لگی تو صورتِ حال زیادہ امید افزانہ تھی۔ تقسیم سے پہلے کے نمایاں شعری رجحانات مثلاً وطنیت، رومانیت، عشق اور انقلابیت وغیرہ کافی پرانے ہوگئے تھے۔ تقسیم کے واقعہ نے انسانی ذہن کو درہم برہم کردیا تھا، تقسیم ہند سے پہلے کے شعراء کی شاعری ایک گھٹی ہوئی چیز بن کر رہ گئی اور جو نئی نسل کے شعراء تھے وہ محض اپنے زخموں کا شمار کرنے میں لگے ہوئے تھے، لیکن خوشی کی بات یہ ہے کہ ان شعراء میں ایک ایسا شاعر بھی موجود تھا جو ساری فضاء کو روشن کرنے کا وصف رکھتا تھا او وہ تھا ناصر کاظمی۔ ناصر کاظمی تقسیم کے بعد اردو شاعری کو ایک نیا تخلیقی مزاج عطا کرنے میں پیش رو کا درجہ رکھتے ہیں۔

ناصر کاظمی کا اصلی نام ناصر رضا ہے۔ آپ ۸ر دسمبر بروز ہفتہ ۱۹۲۵ء کی علی الصبح اپنے نانا مرحوم کے گھر محلّہ قاضی واڑہ میں پیدا ہوئے۔ ناصر کاظمی ابتدائی تعلیم کے بعد لاہور چلے گئے اور وہیں مستقل سکونت اختیار کی۔

ناصر کاظمی ہمہ گیر شخصیت کے مالک تھے۔ ان کی مکمل شخصیت ان کی شاعری کی ساحرانہ کیفیات میں ڈوبی ہوئی ہے، جس کے تعلق سے وہ خود لکھتے ہیں:

”میری باتیں سچی کھری خوب صورت اور رنگ وآواز کا ایک مجموعہ ہوتی ہیں، لوگ کیوں نہ سنیں، میں پچھلی رات کا ایک جادو ہوں۔ چڑھتے سورج کی دنیا کو اپنے لفظوں سے مسحور کرتا ہوں“۔ (بحوالہ ناصر کاظمی۔ چند پریشان کاغذ، ص:۶۴)

ناصر کاظمی کے مزاج کا بنیادی وصف واقعیت اور حقیقت پسندی ہے۔ یہی وجہ ہے کہ ان کی شاعری صرف عشق کے معاملات ہی تک محدود نہ رہی بلکہ وہ زندگی کی عام حقیقتوں کی ترجمانی بھی کرتی ہے۔

ناصر کاظمی کی شخصیت کا خاص وصف ان کی سادگی تھا، صفائی ان کی جان اور خلوص وصداقت ان کا جوہر۔ برجستگی اور بے ساختگی، شگفتگی اور شادابی، توازن اور ہم آہنگی ان کی شخصیت کے خاص پہلو ہیں۔

ناصر کاظمی جدید دور کے عظیم شاعر گزرے ہیں۔ انہوں نے اپنی شاعری کا آغاز ۱۹۴۰ء کے آس پاس کیا تھا۔ شروع میں یہ اختر شیرانی سے بہت متاثر تھے اور ان ہی کے رنگ میں شاعری کیا کرتے تھے، لیکن بعد میں حفیظ ہوشیار پوری کی شاگردی میں غزل کہنا شروع کیا۔ ناصر کاظمی نے اپنی شاعری میں علامتوں کے ساتھ ساتھ پیکر گراشی سے بھی کام لیا ہے۔ انہوں نے تقسیم ہند کے فسادات اور خون ریزی کو اپنی آنکھوں سے دیکھا اور اس کا اپنی شاعری میں برملا اظہار بھی کیا۔

ناصر کاظمی کی شاعری متنوع موضوعات کا احاطہ کرتی ہے۔ انہوں نے زندگی کے حسن کے متعدد پہلوؤں اور ان کی رنگا رنگی کو اپنے اشعار میں سمیٹا ہے۔ ان کی شاعری اپنی تمام تر دلکشیوں کے ساتھ جلوہ گر ہوئی ہے۔ یہ چند اشعار ملاحظہ کیجئے

کس سے کہوں کوئی نہیں سو گئے شہر کے مکیں
کب سے راہ میں میت شہر ہے کفن
ہوائے ظلم یہی ہے تو دیکھنا اک دن

زمین پانی کو سورج کرن کو ترسے گا
گلی گلی آباد تھی جن سے کہاں گئے وہ لوگ
دلی اب کے ایسی اجڑی گھر گھر پھیلا سوگ

ان کی شاعری میں روایتی موضوعات کے ساتھ ساتھ جدید موضوعات پر بھی اشعار اور نظمیں ملتی ہیں۔ناصر کاظمی نے اپنی شاعری میں روایتی موضوعات کو بھی جدید رنگ میں پیش کیا ہے۔ان کا طرز احساس بھی نیا ہے اور طرز اظہار بھی۔غزل کا بنیادی موضوع عشق ہے،جس پر ہر شاعر نے ہر دور میں اظہار خیال کیا ہے،لیکن ان کے عشق کا محرک روایتی عشق سے بہت الگ معلوم ہوتا ہے۔یہاں پر عشق کی پہچان واقعیت اور ارضیت پر مبنی ہے جو موجودہ حالات کی دین ہے۔

ناصر کاظمی نے تقسیم کے نتیجے میں برپا ہونے والے فسادات کو موضوع بنایا ان کی شاعری گزرے ہوئے موسم کی طرح ہے۔ان کے یہاں حال سے زیادہ ماضی کا غم ملتا ہے۔ماضی کے غم کے حوالے سے وہ ایک مٹتی ہوئی تہذیب اور وہ بزرگ جو ہمارے درمیان سے اٹھتے جا رہے ہیں انہیں یاد کرتے ہیں ؎

جنہیں ہم دیکھ کر جیتے تھے ناصرؔ
وہ لوگ آنکھوں سے اوجھل ہو گئے ہیں
یہ آپ ہم تو بوجھ ہیں زمین کا
زمین کا بوجھ اٹھانے والے کیا ہوئے
کیا کہوں تم سے اب خزاں والو
جل گیا آشیاں میں کیا کیا کچھ

ناصر کاظمی کو فطرت سے بہت زیادہ لگاؤ تھا۔وہ خود فطرت کے تعلق سے یوں رقمطراز ہیں:

’’میں فطرت کا نمائندہ ہوں۔جو دیکھتا ہوں،سنتا ہوں،محسوس کرتا ہوں،ماضی،حال اور مستقبل کی قید سے باہر نکل کر بیان کرتا ہوں۔لوگ میرے شعروں کو پچھلی رات غور سے پڑھیں،تجربے،مشاہدے اور علم و نظر سے کام لیں۔میر و غالب کی اور بات،وہ بڑے اور پرانے لوگ تھے۔بہت کم شاعر مجھے دل سے پسند ہیں وہی جو سچے اور منفرد جبلی فطری ہیں‘‘۔(بحوالہ:چند پریشاں کاغذ۔ص:۶۵)

ناصر کاظمی کو زندگی بہت عزیز ہے،وہ اس سے اکتاتے نہیں،زندگی بسر کرنے کی آرزو رکھتے ہیں۔ان کو انسان اور انسانی حسن کے علاوہ فطرت کے مناظر سے بھی دلچسپی رہی ہے اور موسموں سے لطف حاصل کیا۔ان تمام پہلوؤں کی ترجمانی ناصر کاظمی نے اپنی شاعری بالخصوص اپنی غزلوں میں کی ہے ؎

ساز ہستی کی صدا غور سے سن
کیوں ہے یہ شور بپا غور سے سن
یاس کی چھاؤں میں سونے والے
جاگ اور شور درا غور سے سن

ان کی شاعری کی خاص بات یہ ہے کہ وہ بہت کم لفظوں میں خیال و خواب کی متنوع تحریریں سجاتے ہیں اور وہ مستند یا روایتی لفظیات کے بجائے عام طور پر روزمرہ کی زبان میں بولے جانے والے سیدھے سادے الفاظ کو استعمال کرتے ہیں یہ دوسروں کی طرح عالمانہ زبان استعمال کرنے کے بجائے سادہ بے تکلف اور مانوس زبان استعمال کرتے ہیں،ان کا کل سرمایہ سیدھے سادے الفاظ ہیں،جنہیں وہ تخیل کی مدد سے پیکروں میں تبدیل کرتے ہیں

اب نہ چھپیں گی اندھیری راتیں
چاند نکلا چمنستان چمکے

ان کی شاعری میں غم،یاسیت،ملال،اداسی،یاد وغیرہ تخلیقی تجربہ بن کر رہ گئی اور یہی وہ تخلیقی قوت ہے جس سے ناصر کاظمی کی انفرادیت متعین ہوتی ہے ؎

وہ رات کا بے نوا مسافر وہ تیرا شاعر وہ تیرا ناصر
تیری گلی تک تو ہم نے دیکھا تھا پھر نہ جانے کدھر گیا
وہ

ناصر کاظمی نے نہ صرف اپنی انفرادی آواز کی تشکیل کی بلکہ اپنے لب و لہجہ سے پڑھنے والوں کو متاثر کیا ہے ؎

ترے فراق کی راتیں کبھی نہ بھولیں گی

مزے ملے انہی راتوں میں زندگی کے مجھے

ناصر کاظمی کے اشعار اپنے اندر تجربات کی نئی دنیا رکھتے ہیں جن کے مطالعہ سے ایسا محسوس ہوتا ہے، جیسے نئے دور کی ساری کسک ان میں سمٹ گئی ہو۔

انہوں نے روایت سے رشتہ نہیں توڑا بلکہ روایت کو تجربے سے ہم آہنگ کیا۔غزل کی قدیم علامتیں ان کے یہاں نئے روپ میں ملتی ہیں اور اس کے ساتھ ساتھ نئی علامتوں اور نئے اشاروں کی تخلیق کا سلسلہ بھی نظر آتا ہے۔ناصر کاظمی نے غزل کو بالکل ہی ایک نئی شکل دی ہے۔ان کا خاص وصف یہ ہے کہ وہ حالات کو نئے زاویوں سے دیکھتے ہیں۔یہی وجہ ہے کہ ان کے موضوعات میں جدت پائی جاتی ہے۔

ناصر کاظمی کے کلام میں عشقیہ واردات کا بڑا ذخیرہ موجود ہے۔انہوں نے عشق کو خانوں میں تقسیم نہیں کیا بلکہ یہ زندگی پر محیط ہے۔عشق کی کیفیات کا بیان ایک نئے انداز اور لب ولہجہ کے ساتھ کیا گیا ہے اور یہ کیفیات بالکل نئی ہیں۔ان کی عشقیہ شاعری کی نوعیت تمام تر جذباتی نہیں ہے بلکہ انسانی زندگی کی بنیادی حقائق سے بھی اس کا تعلق ہے۔ان کے یہاں عشقیہ واردات کے ساتھ زمانے کے غم کا احساس انتہائی شدومد کے ساتھ ملتا ہے ؎

ایسا الجھا ہوں غم دنیا میں
ایک بھی خواب طرب یاد نہیں
تیرا ملنا تو خیر مشکل تھا
تیرا غم بھی جہاں نے چھین لیا

ناصر کاظمی نے اپنی شاعری میں فارسی زبان سے بھی کام لیا ہے۔فارسیت ان کے مزاج کا خاصہ ہے۔انہوں نے بعض بہت ہی خوبصورت، برمحل، فارسی ترکیبوں کا استعمال کیا۔ان کے یہاں فارسی مزاج کی شائستگی اور پیچیدگی موجود ہے ؎

ہر سحر بارگاہ شبنم میں
پھول ملتے ہیں باوضو ہم سے

دم مہتاب فشاں سے ناصؔر
آج تو رات جگا دی ہم نے

ناصر کی شاعری کے تعلق سے مظفر علی سید کہتے ہیں کہ ناصؔر کی شاعری کو ایک نئے مکاں کی تعمیر اور ایک نئی زمین کی دریافت کے پس منظر میں دیکھنا ہے یا ایک اجتماعی واردات کی بازگشت کے طور پر دیکھا ہے۔:

چناں چہ وہ لکھتے ہیں:

''کبھی ناصر کے لفظوں میں رگ عصر کا لہو خود بخود بولتا تھا اور اس کو یہ بات جتانے کی ضرورت بہت کم پیش آتی تھی۔آزادی کے وقت اور اس کے فوراً بعد اس کی آواز میں ہم سب کا تجربہ شامل تھا''۔(بحوالہ:علی جاوید،فکر وتحقیق۔ص:۱۱۴)

ہجرت کے واقعہ کے بعد ناصر کاظمی کے نفسیاتی رویے میں گہری تبدیلی آئی۔وہ ایک نئے ملک میں رہ کر بھی ذہنی اور جذباتی وابستگی قائم کرنے کی شعوری کوشش کے باوجود اپنے آپ کو ہم آہنگ نہ کر سکے۔لاشعور کی یہ کارفرمائی ان کے رویے کی تشکیل میں اہم کردار ادا کرتی ہے ؎

گئے دنوں کا سراغ لے کر کہاں سے آیا کدھر گیا وہ
عجیب مانوس اجنبی تھا مجھے تو حیران کر گیا وہ

ناصر کاظمی کو صرف اپنے دکھ کا احساس نہیں ہے بلکہ وہ پورے قافلے کی بات کرتے ہیں۔انہیں پوری انسانیت، پورا قافلہ، منزل کی تلاش میں سرگرداں نظر آتا ہے۔یہ صورت حال ان کے شخصی کرب میں اضافے کا باعث بنتی ہے ؎

سفر ہے اور غربت کا سفر ہے
غم صد کارواں دیکھا نہ جائے

منزل نہ ملی تو قافلوں نے
رستے میں جما لیے ہیں ڈیرے

ناصر کاظمی کی شاعری اس دور کی سماجی، سیاسی اور تہذیبی زندگی کی رعنائیوں اور دہشت پسندیوں کا شعور عطا کرتی

ہے۔جوان کی ذات کے توسط سے منفرد تخلیقی شکل میں ظاہر ہوتی ہے۔ان کی شاعری میں حد درجہ شخصی لہجے کے باوجود اجتماعی زندگی کا کرب اور دکھ ملتا ہے ۔

بازار بند راستے سنسان بے چراغ
وہ رات ہے کہ گھر سے نکلتا نہیں کوئی

ناصر کاظمی کی شاعری میں بہترین تشبیہات واستعارات ملتے ہیں۔ان کی شاعری کی خصوصیت یہ ہے کہ وہ تتلی کے پروں کی طرح ہے،ذرا سا ہاتھ لگائیں تو سارے رنگ میلے ہوجائیں گے۔حامدی کاشمیری نے صحیح لکھا ہے:

''ناصر کے اشعار منہ اندھیرے کھلے ہوئے پھول ہیں،جو اپنی تازگی،رنگ،خوشبو،جھلملاہٹ اور نور و سایہ کا سحر جگائے ہیں اور خیال وخواب کی جادوئی تصویروں میں جان ڈال دیئے ہیں''۔(بحوالہ: حامدی کاشمیری۔جدید شعری منظر نامہ)

ناصر کاظمی نے اپنی شاعری میں بہترین تلمیحات استعمال کی ہیں ۔

یوں ترے حسن کی تصویر غزل میں آئے
جیسے بلقیس سلیمان کے محل میں آئے

دیکھ کر چلو ناصر
دشت ہے یہ فیلوں کا

ناصر کاظمی کی تشبیہات ملاحظہ کیجیے ۔

تیری ہلال سی انگلی پکڑے
میں کوسوں پیدل چلتا تھا

ایک رخسار پہ زلف گری تھی
اک رخسار پہ چاند کھلا تھا

ناصر کاظمی نے استعاروں کا استعمال نہایت خوبی سے کیا ہے استعارہ ان کے تجربہ کو غیر معمولی قوت بخشتا ہے ۔

تو جہاں چند روز ٹھہرا تھا
یاد کرتا ہے تجھ کو آج وہ گھر

اکیلے گھر سے پوچھتی ہے بے کسی
ترا دیا جلانے والے کیا ہوئے

تقسیم ہند کے تغیرات نے جہاں شعروادب کو متاثر کیا،وہیں فنی سطح پر غیر معمولی تبدیلیاں بھی رونما ہوئیں۔جدید شاعری میں نہ صرف پرانی ترکیبوں،استعاروں اور علامتوں سے انحراف ملتا ہے بلکہ نئی علامتیں اختیار کرنے ،الفاظ کو نئے معنی عطا کرنے اور نئے نئے تجربوں کو پیش کرنے کا عام رواج رہا ہے۔یہ رواج اس دور کے تقریباً سبھی شعراء کے یہاں کم وبیش دیکھنے کو ملتا ہے،لیکن ان سب میں ناصر کاظمی کے یہاں یہ رواج بہت زیادہ مقبول رہا ہے۔

ناصر کے ان اشعار میں علامت نگاری کا نمایاں انداز ملتا ہے ۔

اس بستی سے آتی ہیں
آوازیں زنجیروں کی

بھیگ چلیں اب رات کی پلکیں
تو اب تھک کر سویا ہوگا

ناصر کاظمی نے پیکر تراشی کا بھرپور استعمال کیا ہے۔انہوں نے اپنی شاعری میں کئی ایک پیکر کو بروئے کار لایا ہے،جس کی وجہ سے ان کی شاعری ایک نئی آواز ایک نئے انداز سے ہم کنار ہوتی ہے ۔

گلی گلی میں مری یاد بچھی ہے پیارے رستہ دیکھ کے چل
مجھ سے اتنی وحشت ہے تو میری حدوں سے دور نکل

الغرض ناصر کاظمی اردو ادب کے ایک بڑے شاعر گزرے ہیں ان کی شاعرانہ عظمت کا اندازہ ان کی شاعری اور شخصیت سے لگایا جاسکتا ہے ۔

ڈھونڈیں گے لوگ مجھ کو ہر محفل سخن میں
ہر دور کی غزل میں میرا نشان رہے گا

شیخ الاسلام محمد انوار اللہ فاروقیؒ

بانی جامعہ نظامیہ

آمتہ الصبیحہ (فاضلہ) کشن باغ۔حیدرآباد

سورۃ ال عمران میں اللہ تعالیٰ فرماتا ہے: **کلما دخل علیھا زکریا المحراب وجد عندھا رزقا قال یامریم انی لک ھذا قالت ھو من عند اللہ** (آل عمران-37) جب بھی زکریا (علیہ السلام) حضرت مریم کے حجرے میں آتے تو ان کے پاس کھانے کی چیزیں پاتے ،انہوں نے پوچھا، اے مریم! یہ تیرے پاس کہاں سے آئے؟ انہوں نے کہا اللہ کے پاس سے۔بے موسم پھل حضرت بی بی مریم کے پاس آنا یہ ان کی کرامت ہے۔یہ ظاہر ہے کہ بی بی مریم اللہ کی ولیہ ہیں۔روح جسم سے علحدہ ہونے کے بعد بھی باقی رہتی ہے۔

سورۃ البقرہ میں اللہ تعالیٰ ارشاد فرماتے ہیں کہ: **ولا تقولوا لمن یقتل فی سبیل اللہ اموات** :راہ خدا میں جو قتل کیے جاتے ہیں ان کو مردہ نہ کہو۔روح پر موت کا اثر نہیں ہوتا۔روح جسم سے نکل جانے کے بعد بھی باقی رہتی ہے ۔مومنین کی روح نورانی ہوتی ہے اپنے خالق کو پہچان لیتی ہے ۔اس لیے اہل سنت والجماعت کے نزدیک اولیاء سے ان کی کرامات کا ظہور ہوتا ہے۔

کرامات کی دو قسمیں ہے۔ایک حسیٰ دوسری معنوی ۔ عام لوگ حسی کرامات اور صاحب کرامات کو ولی سمجھتے ہیں۔حالانکہ معنوی کرامات خاص اہل اللہ میں موجود رہتی ہے۔حضرت شیخ الاسلام بانی جامعہ نظامیہ کی زندگی میں کرامت معنوی کے ساتھ کرامات حسی کا ظہور ہوا۔

قطب دکن حضرت یحییٰ باشاہؒ ایک مرتبہ ذکر واشغال میں مراقب تھے اچانک کھڑے ہوگئے اور ان کی آنکھوں میں آنسو تھے۔اپنے صاحبزادوں کو طلب فرمایا اور کہا کہ فوری معلوم کرو، مولانا انوار اللہ فاروقی کا مزاج کیسا ہے؟۔ان دنوں مولانا کی علالت کا سلسلہ چل رہا تھا۔صاحبزادوں نے عرض کیا ابھی اطلاع آئی کہ مولانا کا وصال ہو چکا ہے ۔پھر صاحبزادوں نے آپ سے وجہ معلوم فرمائی تو آپ نے فرمایا: ابھی میں مراقبہ میں تھا، کیا دیکھتا ہوں کہ شہر کے سارے راستے اس طرح روک دیئے گئے ہیں جس طرح کبھی بادشاہ کی آمد پر روک دیئے جاتے ہیں ۔تمام ہجوم سڑکوں کے کنارے اس طرح کھڑا ہے جس طرح کسی بادشاہ کا انتظار ہے۔ میں ہجوم میں داخل ہوا اور دریافت کیا کہ تم لوگ کس کے انتظار میں کھڑے ہو تو جواب ملا کہ مولانا انوار اللہ صاحب کا وصال ہوگیا ہے اور جنازہ میں آقا دوجہاں محمد صلی اللہ علیہ وسلم کی تشریف آوری ہونے والی ہے۔اس لیے ہم ﷺ کے استقبال کے لیے کھڑے ہیں۔(بحوالہ بانی جامعہ نظامیہ کے علمی وروحانی واقعات)۔

الحاج ڈاکٹر عبدالرؤف
ڈائرکٹر دانش گاہ اسلامیہ ہائی اسکول، آسنسول (بنگال)

امن کا فرشتہ مولانا امداداللہ رشیدی

مغربی بنگال کی پُر امن فضا میں زہر گھولنے کا کام گذشتہ چار سالوں سے بی جے پی نے جاری کر رکھا ہے جس کا اثر بنگلہ زبان بولنے والوں میں کچھ کم لیکن ہندی زبان بولنے والوں پر زیادہ پڑا ہے۔ کولکاتا کے بعد شہر آسنسول میں مسلمان پُر امن و پر سکون زندگی گذار رہے ہیں۔ معاشی طور پر تقریباً مستحکم اور تعلیمی طور پر اپنی نسلوں کو اعلیٰ تعلیم دلانے کی طرف مائل ہو رہے ہیں۔ اس علاقے میں اردو میڈیم پرائمری اسکول و ہائی اسکول کی تعداد زیادہ ہے کالجز اور

یونیورسٹی کی سطح تک بچوں اور بچیوں کو علم سے آراستہ و پیراستہ کرنے کا رجحان بھی مسلمانوں میں بہت زیادہ پروان چڑھا ہے اور عملاً اسکی کوششیں بھی جاری ہیں۔

سیاسی طور پر بھی ان میں بالیدگی ہے۔ حالات و وقت کے مطابق ووٹوں کا استعمال بھی کرتے ہیں۔

لیکن گذشتہ 2014 کے پارلیمانی الکشن میں بی جے پی کے بابل سپریو محض 37.14 فیصد ووٹ حاصل کر کے منتخب ہوئے جو بنگلہ زبان اور اردو زبان بولنے والوں کے ووٹوں کی تقسیم کا نتیجہ تھا۔ اس وقت سے ہی شہر میں ہندوتوا کا زور بڑھا ہے۔

اب آئندہ 2019ء کا الکشن بی جے پی کے سامنے ہے اور سابقہ فارمولہ پر عمل کرتے ہوئے مذہب کی سیاست کو اُبھارنا ان کا عین مقصد ہو گیا ہے۔ یہی وجہ ہے کہ رام نومی، ہنومان جینتی، گنیش جینتی جیسا تہوار آسنسول میں عام ہو رہا ہے۔ جب کہ گذشتہ چھ سات قبل ایسا کوئی تہوار کا زور نہیں تھا۔ لیکن بی جے پی کی ایجنڈوں میں سر فہرست مذہبی منافرت و عصبیت پھیلانا شامل ہے اور سب سے اہم بات یہ ہے کہ مسلمانوں کو کمزور کرنے کا آر ایس ایس فارمولہ اس کے رگ و پے میں سمایا ہوا ہے۔ جس کا نتیجہ 26/ مارچ کو آسنسول سے متصل رانی گنج میں رام نومی کا جلوس مسلم علاقہ سے داخل ہوا جس میں فرقہ وارانہ ہم آہنگی کو نقصان پہنچاتے ہوئے مذہب اسلام کے پیشوا کے خلاف گستاخانہ گیت و گانے اور جذبات کو اشتعال دلانے والے نعرے لگائے جانے پر دوسرے فرقہ کے لوگوں نے اعتراض کیا اور اس نفرت آمیز نعرہ لگانے سے منع کیا لیکن رام نومی کے جلوس میں شامل ہجوم نے ماننے سے انکار کر دیا۔ بلکہ یہ ہجوم پتھر بازی، آتش زنی پر اُتر آیا اور فساد شہر میں پھیل گیا۔ جس سے ایک انسان کی موت اور ایک ڈی۔ ایس۔ پی کا داہنا ہاتھ ضائع ہو گیا اور وہ زندگی بھر کے لئے اپاہج ہو گئے۔ ابھی یہ آگ ٹھنڈی نہ ہونے پائی تھی کہ 27/ مارچ سے آسنسول میں رام نومی کا جلوس معہ ہتھیار نکال کر شہر کی پُر امن فضا کو بگاڑ کر مذہبی عصبیت پھیلانے میں وہ کامیاب ہو گئی اور شہر آسنسول میں بھی پتھر بازی اور آتش زنی، لوٹ مار وقتل وغارت گری کا بازار گرم ہو گیا۔ جس کا نتیجہ یہ ہوا کہ نورانی مسجد کے پیش امام مولانا امداد اللہ رشیدی صاحب کا 16/ سالہ لختِ جگر صبغتہ اللہ رشیدی جو کہ اپنے مدرسہ کے قریب کھڑا تھا۔ ان شر پسندوں نے انھیں کسی طرح اپنے نرغے میں لے لیا اور یرغمال بنا کر بہت ہی بے دردی و بے رحمی سے شہید کر دیا۔ حالانکہ یہ معصوم و بے قصور بچہ امسال 12/ مارچ 2018ء کو مدھیا مک بورڈ کا امتحان دیا تھا اور امسال ہی مدرسہ حسینیہ سے حفظ و تجوید مکمل کیا تھا۔ اور 11/ اپریل کو اس معصوم شہید کی دستار بندی ہونے والی تھی۔

بچے کی شہادت سے آسنسول کی پُر امن فضا مکدر ہو گئی دونوں جانب سے افراتفری کا ماحول پیدا ہوا۔ بے قصورغریب عوام وشہری خواہ وہ ہندو ہوں یا مسلمان سبھی متاثر ہوئے۔

24 ر گھنٹہ گذرنے کے بعد 28 ر مارچ کو پولیس نے ان شرپسندوں کے علاقہ سے بچہ کی لاش برآمد کی۔ جسے پولیس نے 29 ر مارچ کو پوسٹ مارٹم کرنے کے بعد ان کے والد مولانا امداداللہ رشیدی صاحب کے حوالہ کردیا۔

یہ ایک زبردست المیہ ہے کہ اللہ کسی ضعیف باپ کے کندھے پر جوان بیٹے کی لاش نہ دکھائے اسی روز ڈھائی بجے دن اس معصوم شہید کی نماز جنازہ ادا کی گئی جس میں تقریباً 5 ر ہزار افراداس غم واندوہ کے عالم میں شریک ہوئے اوراللہ کے حکم کے مطابق سپرد خاک کردیا۔ انّا للّٰہ و انّا الیہ راجعون

مولانا امداد اللہ رشیدی صاحب اپنے معصوم شہید بیٹے کی لاش اور تدفین کے عمل کو دیکھ کر صبر وشکر کے پیکر بنے رہے۔ جبکہ وہاں موجودنو جوانوں کا جم غفیر، غیض وغضب اور جوش وانتقام کی آگ سے دہک رہا تھا ان کے وجود میں ایک لاوا ابل رہا تھا جو کہ کسی بھی لمحہ آتش فشاں بن کر پھٹ سکتا تھا لیکن مولانا امداداللہ رشیدی صاحب نے اس وقت جو کلمات ادا کئے وہ اس دہکتی ہوئی آگ میں برف کا کام کیا اور بپھرے ہوئے ازدہام کے انتقامی آگ کو سرد کردیا۔

انہوں نے فرمایا کہ زندگی وموت کا مالک اللہ ہے۔ اللہ تعالیٰ نے میرے بیٹے کی عمر اتنی ہی عطا کی تھی میں اپنے بیٹے کی شہادت پر کسی سے بھی انتقام نہیں لینا چاہتا ہوں۔ بلکہ میرے بیٹے کی جان کے بدلے شہر میں امن وامان چاہتا ہوں۔ شہر میں شانتی ہو، عوام الناس حسب سابق یکجہتی کی زندگی گذاریں۔

انہوں نے فرمایا کہ اگر انتقام لینے کی کوشش کی گئی تو میں امامت سے دستبردار ہوکر اس شہر کو بھی چھوڑ کر چلا جاؤں گا۔ میں نے اپنے سارے معاملات اللہ کے حوالہ کردیا ہے۔

مولانا صاحب نے اس وقت شہر کے سرکاری عملہ، پولیس کا دستہ، سیاسی رہنما، پرنٹ میڈیا والکٹرونک میڈیا کے رپورٹر ونمائندہ کے سامنے اپنے جس جذبات کا اظہار فرمایا وہ ایک مومن کی پہچان ہے جو اللہ کے فیصلہ کے سامنے سرخم کرلے۔

اسی دوران اسمبلی حلقہ کے ایم۔ال۔اے (M.L.A.) اور ریاستی وزیر قانون شری مولائے گھٹک نے مولانا صاحب کو اس حادثہ کے عوض اپنے خاص فنڈ سے معاوضہ دینے کی پیشکش کی جسے مولانا صاحب نے یکلخت مسترد اور انکار کردیا اور فرمایا کہ انہیں دنیا والوں سے کوئی معاوضہ نہیں چاہئے اس کا معاوضہ اللہ دے گا۔

قُلْ اِنَّ صَلٰوتِیْ وَنُسُكِیْ وَ مَحْیَایَ وَمَمَاتِیْ لِلّٰهِ رَبِّ الْعٰلَمِیْنَ ۔ (پارہ۔سورہ انعام آیت نمبر۱۶۱)

ترجمہ:۔'' آپ ﷺ کہہ دیجے کہ بیشک میری نماز، میری قربانی اور میرا جینا اور میرا مرنا سب اللہ کے واسطے ہیں جو تمام جہانوں کے رب ہیں''۔

مولانا امداداللہ رشیدی صاحب نے اپنے بیٹے کی شہادت پر دنیائے انسانیت خاص طور سے ہندوستانی باشندوں کو اپنا پیغام دیا ہے جس سے اللہ کے دین کی اعلیٰ درجہ کی نمائندگی ہوئی اور دنیا کے سامنے یہ پیش کیا۔ کہ مومن کا کردار کیسا ہوتا ہے۔ مولانا صاحب زندگی اور موت کو اللہ کے اختیار میں سمجھتے ہیں اور ہروقت راضی بہ رضا رہتے ہیں۔

مولانا صاحب کے اس صبر واستقامت کا صلہ اللہ تعالیٰ عطا فرمائیں گے کہ اپنی قوم کو فساد کی آگ میں مزید جھیلنے سے بچالیا۔ نہ جانے کتنے خاندان کو اس دکھ کا سامنا کرنا پڑتا کتنے گھروں میں آگ لگ جاتی کتنی ہی ہلاکتیں ہوتیں۔

اس امن وآشتی کی خبر کو اردو اخبارات کے علاوہ بنگلہ، انگریزی، ہندی، کنڑ، ملیالم، تیلگو اخبارات نے شائع کیا اور امن وآشتی کے اس مرد مومن کا اسلامی کردار بلند ہوا کہ کس طرح اپنے جوان بیٹے کی موت کو شہر کے امن وامان کا نذرانہ

قرار دینے کی اپیل کی جیسے اقوام عالم نے سراہا۔ بالخصوص 3اپریل دی انڈین ایکپریس میں ملیالم زبان کے ایک بہت بڑے مصنف ایس گوپال کرشنن نے درج تحریر فرمایا اور مہاتما گاندھی سے موازنہ کیا مضمون کا عنوان ہے " A Mahatma in An Imar (امام کی سیرت وکردار میں ایک مہاتما)

گوپال کرشنن نے یہ بات مہاتما گاندھی جی کے حوالے سے کہی ہے اگر انہیں آنحضرت محمد ﷺ کی سیرت و زندگی کا مطالعہ کرنے کا موقع ملا ہوتا تو شاید وہ مہاتما گاندھی کے بجائے حضرت محمد ﷺ کے سیرت وکردار کی ایک جھلک کہتے۔ امام صاحب سے کسی نامہ نگار نے سوال کیا کہ آپ کے اندر ایسا اعلیٰ وارفع کردار کیسے آیا۔ امام صاحب نے برجستہ کہا۔ یہ ہمارے نبی ﷺ کی تعلیم ہے جس کا ایک معمولی عنفر میرے کردار میں آپ کو نظر آرہا ہے۔ گوپال کرشنن نے اپنے مضمون میں لکھا ہے کہ آسنسول کے نواکھالی (بنگلہ دیش) سے 562 کیلومیٹر دوری پر واقع ہے دونوں مقامات پر ایسے تاریخی واقعات رونما ہوئے ہیں اگر پہلے واقعہ کا ذہن میں ہو تو آسنسول میں جو کچھ ہوا یا جو امام صاحب نے کیا کہا ہے پہلے واقعہ کی یاد تازہ ہو جائے گی۔ آج آسنسول میں وہی واقعہ دہرایا گیا ہے جو 70 سال پہلے نواکھالی میں رونما ہوا تھا۔

مزید گوپال کرشنن لکھتے ہیں مولانا امام رشیدی صاحب نے اپنے سولہ سال کے بیٹے کو رام نومی کے حالیہ پر تشدد جلوس کی وجہ سے کھودیا۔ اس موقع پر مغموم ومظلوم اور امام کے اردگرد سینکڑوں لوگ غم وغصہ کے ساتھ جمع تھے۔ مولانا موصوف نے تقریباً اسی قسم کی باتیں کہیں جو گاندھی جی نے 1946 میں کی تھیں۔ ''میں اپنے بیٹے کو کھودیا میں اسے تسلیم کرتا ہوں لیکن اگر کوئی شخص کسی پر بدلے کیلئے ایک انگلی بھی اُٹھاتا ہے تو میں اس مسجد اور اس شہر کو چھوڑ دوں گا۔

اسی طرح سوشل میڈیا کے تمام ذرائع مولانا صاحب کے صبر وتحمل، انسانی ہمدردی، امن وشانتی اور قومی یکجہتی کو پوری دنیا میں وائرل کردیا ہے۔

غرضیکہ آج کے پیدا شدہ حالات اور اس کا پس منظر یہی ہے کہ ملک میں جتنے بھی فسادات ہو رہے ہیں اس کا مقصد صرف مسلمانوں کو معاشی طور پر بدحال کردیا جائے اُنہیں کاسہ گدائی پکڑا یا جائے اُن کے بچوں کو ان پڑھ رکھا جائے اور اخیر میں سبھوں کا شدھی کرن کردیا جائے۔ اس لئے ہمیں ان سازشوں سے ہوشیار رہنا ہے۔ یہ عناصر اشتعال پھیلائیں گے لیکن ہمیں کبھی بھی مشتعل نہیں ہونا ہے۔

بلکہ نہایت سنجیدگی ودانشمندی اور تدبرّ سے حالات کا مقابلہ کرنا ہے۔ اشتعال کو ڈیفوز (Defuse) کرنے کا سب سے آسان طریقہ یہ ہے کہ No reaction۔

جس کا کہ مولانا امداداللہ رشیدی صاحب نے اپنے جوان بیٹے کے کھونے کے بعد اظہار فرمایا ہے۔ یقیناً یہ امن کے پیغامبر اور فرشتہ صفت ہیں۔ جسے دنیائے انسانیت نے نہایت ہی قدر کی نگاہوں سے دیکھا ہے اور امن انسانیت کے اس پیکر کو نذرانہ سلام پیش کیا ہے۔

حکیم صوفی سید شاہ محمد خیر الدین قادری صوفیؔ

حیدر آباد

حضرت سید نصیر الدین شاہ چراغ دکن علیہ الرحمہ

نظام کائنات ابتداء سے چلتا آرہا ہے اور تا قیامت چلتا ہے رہے گا ،اس نظام میں تبدیلیاں آتی ہیں موسم ،صدی اور ماہ و سال ،رات دن بدلتے رہتے ہیں ،ان تمام ظاہری بدلاؤ کے باوجود کائنات کی حقیقت اور اوصاف نہیں بدلتے ، بارش کا موسم پانی ہی برساتا ہے۔ جاڑوں میں سردی ہی آتی ہے ،گرما شدت ہی لاتا ہے ،حالانکہ سال، صدی ،وقت ،لوگ ،آبادیاں ،شہر بدل گئے جو آباد تھے کھنڈر ہو گئے جو کھنڈر تھے وہ آباد ہو گئے جو نہیں تھے وہ آگئے جو تھے وہ چلے گئے وہ دوبارہ نہیں آئیں گے جو آرہے ہیں وہ پہلے نہیں آئے اس کے باوجود کائنات کا نظام جاری وساری ہے اس نظام کائنات کی تبدیلیوں کو ہر کوئی سمجھ نہی سکتا اور اسی حقیقت کو نہیں جان سکتا اور وہی امید رکھی جاتی ہے جو اس کی حقیقت ہے۔

اس طرح خالق کائنات اپنے نظام کائنات میں بھی تبدیلیاں لاتا ہے لیکن ابتداء دنیا سے چند ایسے محبوب بندوں کو منتخب کیا جو اللہ کی مرضی کے مطابق بندوں کو اللہ سے جوڑے اور درمیان میں جو راہ ابلیس بھی ہے اس سے بچاتے ہوئے راست اللہ تک پہنچنے کا راستہ دکھائے ،بظاہر شخصیات بدلی ہیں لیکن کم وبیش ایک لاکھ چوبیس ہزار انبیاء کا یعنی حضرت آدمؑ سے تاجدار دو عالمؐ تک کا ایک ہی مقصد تھا کہ لوگ ایک اللہ کو پہچانیں ۔خاتم النبیینؐ کے بعد سلسلہ انبیاء ورسل موقوف ہو گیا لیکن بندگان خدا کی رہبری کو جاری رکھنا تھا جو کام انبیاء کے سپرد تھا وہ عظیم کام آقائے نامدار محمد عربی صلی اللہ علیہ وسلم کی امت کے منتخب بندوں کے سپرد کیا گیا جس کو ہم عرف عام میں اولیاء کہتے ہیں مقصد کام وہی ہے ،لیکن شخصیات تبدیل ہوتی گئیں یہ سلسلہ صحابہ کرام سے بالخصوص حیدر کرار حضرت علی ابن طالبؓ سے ہوتا ہوا آل نبی اولاد علی میں حضور غوث وخواجہ اعظم غریب وغیرہ سے ہوتا ہوا تسلسل کے ساتھ دکن میں حضرت سید نصیر الدین قادری نجفی شاہ چراغ دکن تک پہنچتا ہے۔

آپ 570 رسال قبل نجف اشرف سے اس وقت تشریف لائے جب حیدر آباد کا وجود بھی نہیں تھا۔

اس علاقے کو موضع چنچلم کہا جاتا تھا آج بھی علاقہ بلدہ اسی نام سے درج ہے، اس موضع میں صرف برہمن لوگ آباد تھے، حضرت اسی بستی میں قیام کیا اور اپنی منصبی ذمہ داری تبلیغ اسلام شروع کیا، ہر اچھے کام میں دشواریاں ہوتی ہیں چنانچہ آپ کو بھی اس کا سامنا کرنا پڑا لیکن آپ کے پائے استقامت میں لغزش نہیں آئی آپ بے تکان اسلام کی دعوت دیتے تھے اور اپنے عمل وکردار سے لوگوں کو اسلام کی حقانیت سے واقف کرواتے رہے اللہ والوں کی شان ہوتی ہے کہ اپنے زبان یا قلم سے کسی بندے کا دل نہیں دکھاتے اپنے کردار سے اسلام کی حقیقت کو واضح کرتے ہیں ریا کاری عیش پرستی ہے ان کے قریب بھی نہیں آتی ان کی زندگی کتاب اللہ اور سنت رسول کے مطابق ہوتی ہے اور اللہ کے بندوں کی خدمت کرنا ان کا مقصد حیات ہوتا ہے چنانچہ حضرت شاہ چراغ دکن علیہ الرحمہ ان اوصاف حمیدہ سے مالا مال تھے انہیں اوصاف سے متاثر ہو کر آپ کے مخالفین بھی آپ گرویدہ ہو گئے اور دائرہ اسلام میں داخل ہو گئے حضرت سید معین الدین قادری کو اپنی تصنیف اولیاء حیدر آباد میں لکھتے ہیں حضرت بابا شرف الدین سہروردی اور حضرت سید احمد بارہاؒ کے بعد سب سے بڑی شخصیت حضرت شاہ چراغ دکن کی ہے جو حیدر آباد تشریف لائے نماز پنجگانہ کے علاوہ کثرت سے نوافل ادا کرتے اور بیشتر حصہ تلاوت کلام اللہ پر صرف کرتے ۔آج آپ کا مزار جہاں پر ہے اس مقام کو دائرہ میر مومن کے نام سے جانا جاتا ہے جناب مراد علی طالع اپنی کتاب اولیاء دکن میں لکھتے ہیں حضرت شاہ چراغ اور میر مومن کا زمانہ ایک سو پچاس سالہ درمیانی ہے حضرت میر مومن اس مقام پر دو عظیم سپوتوں کی موجودگی (حضرت شاہ چراغ اور حضرت سید نور الہدی کو اپنے لیے متبرک جان کر اس مقام کو منتخب کیا چونکہ حضرت میر مومنؒ سلطنت قطب شاہی کے پیشوا تھے اسی بنیاد پر یہ علاقہ میر مومن کے نام سے مشہور ہو گیا۔

ڈاکٹر مختار احمد فردین رکلکتہ

احسن مفتاحی کا بیباک قلم اور اردو صحافت

آج کے تناظر میں دیکھیں اور ماضی کے اوراق کو پلٹیں تو اردو دنیا میں صحافت میں نجانے کیسے کیسے کو کھویا اور آج ہم انہیں یاد تک کرنا جیسے بھول ہی گئے، اب ہم سب بہت نعمتوں سے محروم ہو گئے، نعمت صرف یہ نہیں کہ جیب میں مال ہو بلکہ دماغ میں اچھے خیالات بھی نعمت ہے، دل میں کسی کے درد کا احساس جاگنا بھی نعمت ہے، کسی کے آنسو کو آنکھوں سے پونچھنا بھی نعمت ہے انہیں احساس کا ایک نام، جس میں مختار احمد فردین کو اور اسکے قلم کو بااصول زبان اور بیباک قلم بنائے، صحافتی دنیا اور مسلم مسائل نئی نسل کی بھرپور نمائندگی اور اپنے بیباک اداریے سے صحافت کی دنیا میں ایک انقلاب لائے، کل کا اخبار مشرق اور آج ترقی کی راہ پر چلکر سارے ہندوستان میں اخبار مشرق کو بلند مقام عطا کرنے والی ذات اور شخصیت کا نام احسن مفتاحی آبروئے صحافت ہے، کل اور آج جب دنیا کے مسائل بدل گئے، صحافت کے طور طریقے بدل گئے، سماج میں خیالات، نظریے، عقیدے اور افکار کے مول بھاو طے ہونے لگے، ہر چیز جیسے اب بکاؤ ہے صرف خریدار ہونا شرط ہے ایسے ماحول میں اردو صحافت معیار اور وقار اور اخلاق کو بچائے رکھنا خود ایک بڑی بات ہے اردو صحافت کو نئے آفاق اور افق کیطرف لے جانا جہاں صحافت تجارت بھی ہے اور تحریک بھی لیکن جس صحافت میں تحریک زیادہ اور مناسب آمیزش ہوتی ہے وہی صحافت دراصل احسن مفتاحی صاحب نے اپنی زندگی میں کی، قابل مبارکباد ہیں وسیم الحق صاحب اس زمانے میں جنکی نگاہیں احسن مفتاحی صاحب جیسی شخصیت کو ڈھونڈ لائی اور اخبار مشرق کی تمام تر ذمہ داری انکے حصے اور جھولی میں ڈال دی، مجھے یاد ہے سب کچھ ذرا ذرا، ان لمحوں کی یاد کو قلمبند کرنے سے پہلے انکے قلم کے نذر یہ شعر کہ

ہم پرورش لوح قلم کرتے رہینگے
جو دل پہ گذرتی ہے رقم کرتے رہینگے

اور یہ کہ:

ہم سیاہی کے ہیں دوست نہ سفیدی کے ہیں دشمن
ہم کو آئینہ دکھانا ہے دکھا دیتے ہیں

اللہ تعالی بعض خاص شخصیتوں میں خاص ذہنی صلاحیتیں ڈال دیتا ہے جو اپنے ارادوں میں مظبوط اور دھن کے پکے ہوتے ہیں، جو راستے کی ہر رکاوٹ کا سامنا کرتے ہوئے مقصد حیات کی جستجو میں لگے رہتے ہیں ہندوستان کی گرتی ساکھ اور سارے مسائل کو احسن مفتاحی صاحب اپنے بیباک قلم سے کچھ اسطرح سینچا کہ آج اردو دنیا کے باغباں میں ہزاروں صحافی پیدا ہو گئے اور، مگر بہت کم ہی لوگ انکے اصول پر چل پڑے، انکے قلم میں ان دنوں کی بات ہے جب ہم دسویں پاس کرتے کبھی کبھی صبح کے اوقات میں جب سکون سے روانی کے ساتھ اداریہ لکھتے رہتے، میں پہنچکر کچھ دیر سانس لیتا اور چھوٹی چھوٹی تقریروں کو دیکھتے ہی رہ جاتا، لال سیاہی سے لکھا کرتے تھے، فیض احمد فیض کی روانی، خواجہ احمد عباس کی فکر، اور فکر تونسوی کے فراٹے کے ساتھ چلتے قلم، میں یہ سب دیکھکر حیران کم مگر انکے صبر کو دیکھتا تھا، کئی اخبارات ہندی، انگلش، بنگلہ اور اردو کے، گھنٹوں بعد توجہ میری جانب مسکراتے ہوئے یہ کہکر کے اس وقت آپ، اسی لمحہ کبھی کبھی منور رانا کو بھی ہم

نے دیکھا آتے اور ساتھ بیٹھتے ہوئے، کتر ایک موقع پر ساتھ بھی میرے ہمراہ چلے، میرے قلم کو چند جملوں میں تبدیل کرنے والی شخصیت احسن مفتاحی صاحب ہی ہیں، شروعات مسائل پر لکھنے لگے اور مراسلے کے ذریعہ صحافت کی دنیا میں پہلا قدم، پھر چند کہانی چندطویل مضامین، کئی ایک پروگرام میں ساتھ کا سفر، غریب خانے تک انکی آمد، الیکشن کے دنوں کی رپورٹنگ، ان دنوں میں نے موٹر سائیکل خریدی تو اسپر ساتھ سفرالیکشن کے حالات کا جائزہ لینے نکلے، کہیں بموں کی آواز، کسی جگہ پر ماردھاڑ، الیکشن کی بوتھ پر قبضے کی شکایت، مسلم پرسنل لاء پر خاص مضامین اور رپورٹنگ دہلی سے لیکر کلکتہ تک، اب دنیا احسن مفتاحی صاحب کو پہچان چکی تھی، انکے قلم کے زد میں جو بھی آئے مسائل کو حل کر کے چھوڑے، کلکتہ کے مٹیابرج کے واقعات ہوں یا کہ کلکتہ کے مختلف جگہوں پر فسادات آپ نے اپنی تمام صلاحیتوں کو قلم کے حوالے کر دیا تھا اور اخبار مشرق عوام الناس کی پہلی پسند، اس درمیان لوگ اور کلکتہ ڈاکٹر مختار احمد فردین کو مراسلہ نگار کی حیثیت سے پہچاننے لگے تھے کبھی کبھی زبان خلق نقارہ خدامیں تو ایک، دو، تین، چار چار مراسلے سبھی میرے ہوا کرتے تھے ہم یہ کہہ سکتے ہیں احسن مفتاحی صاحب کے قلم اور تحریروں سے صحافت کا نیا باب کھلا، کلکتہ کے اردو اخباروں میں۔

احسن مفتاحی صاحب کے ساتھ گذارے لمحہ اور وقت

آج اس دریچے کو ہم جھانکتے ہیں تو خود میں کئی احساس جگا جاتے ہیں، ہم فیض احمد فیض کو دیکھا، فیض احمد فیض، خواجہ احمد عباس اور بعد کے دنوں میں عزیز برنی کے قلم کی خوبیاں سبھی ہمارے قلمی رہبری کرنے والی ذات احسن مفتاحی صاحب ہیں اللہ نے کوٹ کوٹ کر بھر رکھا تھا، فیض احمد فیض کے قلم نے جسطرح سے آج فلسطین کے مسائل کو زندہ قوم کی مانند زندہ رکھا ٹھیک اسی طرح سے احسن مفتاحی صاحب کے قلم نے مسلم پرسنل لاء کے تمام مسائل کو زندہ رکھ چھوڑا، یہ جذباتیں جسکا احاطہ میں ۱۹۷۹ سے کر رہا ہوں مگر لمحہ یاد ذرا ذرا ہی رہ گیا، البتہ یہ احساس کھائے جارہا تھا کہ جس قلم کو ہم نے پکڑ کر چند سالوں میں یہاں تک کا سفر طے کیا انہیں آج تک خراج عقیدت اور کوئی یادگار کیوں نہیں قائم کر سکے، حالانکہ ہم پر تو انکا اخلاقی فرض اور فریضہ بنتا ہے، اخبار مشرق کا وہ سنہرا دور تھا جب ندیم الحق صاحب بھی کبھی کبھی ملاقات کا شرف مل جاتا تھا اور وسیم الحق صاحب تو مصروف ترین شخص اور ایڈیٹر تھے ملاقات پر ضرور کہتے احسن مفتاحی صاحب اپنے روم میں ہیں آپ بیٹھیں یا جا کر مل لیں زندگی کی رفتار نے کئی کروٹیں لی اور پھر کلکتہ سے حیدرآباد کا رخ کئے، اتنے وقفے میں دنیا بدلنے لگی اور جیسے ہم بھی بدل گئے، مجھے یاد تو وہ آتے رہے، مگر حالات کا اتا پتہ جیسے کھو گیا، انہی دوران نوشاد مومن اور دختر نیک احسن مفتاحی صاحب حیدرآباد میں ہوئی اور پھر یادوں کا وہ لامتناہی سلسلہ جیسے چل پڑا۔

ابھی گذشتہ دنوں کی ہی بات ہے ندیم الحق صاحب اب ممبر پارلیمنٹ بن گئے، اردو اکیڈمی میں احسن مفتاحی صاحب کے تعلق سے ذکر چھیڑا ہم نے، احسن مفتاحی صاحب پر سمینار، ورکشاپ ایوارڈ اور دیگر مشورے سے نوازا تو انہوں نے نہایت ہی سادگی سے اسپر اپنی رضا مندی ظاہر کی، اب میں اس سلسلے کی کڑی کو لیکر نوشاد مومن سے رابطہ میں آیا اور تمام تفصیلات سے آگاہی دی تو اسپر سنجیدہ تو ہوئے، عمل کیلئے شاید وقت کی ضرورت ہے آج ہم انہیں یاد کرتے ہیں اور خراج عقیدت کیساتھ ان لمحوں، ان تحریروں، وہ بیباک مضامین، وہ انداز بیاں اور وہ صحافتی دنیا کیلئے انکے خدمات کو ڈاکٹر مختار احمد فردین کا سلام جنہوں نے حوصلہ دیکر مجھے صحافتی دنیا میں قدم رکھنے کا موقع فراہم کئے، آج چار کتابیں بھی انکے نام موسوم کر دوں تو میرے لیے قابل فخر لمحہ ہوگا، سلام دعاؤں کیساتھ ساتویں برس کے موقع پر اس یقین کے ساتھ انہیں گلہائے عقیدت کا نذرانہ پیش کرتا ہوں، دسمبر کے مہینے میں ان پر شاندار اردو خدمات اور صحافتی خدمات کے آئینہ میں احسن مفتاحی صاحب کا قلم اور آج کی نسل ـــــ یہی احسن مفتاحی صاحب کیلئے بہترین خراج عقیدت ہوگا۔

حکیم سید شاہ محمد خیر الدین قادری، صوفی، حیدرآباد

حضرت سید بابا شہاب الدین سہروردی عراقی رحمۃ اللہ علیہ

سرزمین دکن کو شمع ایمان واسلام سے منور کرنے والے محبوب بندوں نے اپنی جلوہ نمائی سے رونق بخشی، انہوں نے اپنے نور ولایت اور کمالات روحانی سے مخلوق خدا کو بہرہ مند کیا، ان کے روحانی اثرات اور محبت کے برکات سے ایک عالم فیض یاب ہوا، ان آسمان ولایت کے چمکتے ستاروں میں شہنشاہ دکن سلطان العارفین، قطب الاقطاب حضرت سید بابا شہاب الدین سہروردی عراقی رحمۃ اللہ علیہ شامل ہیں، آپ کی ولادت پانچویں صدی کے اختتام پر بمقام عراق ہوئی، آپ حضرت بابا سید شرف الدین سہروردی کے برادر عزیز تھے، اس لحاظ سے آپ کا سلسلہ نسب تیرہویں پشت میں امام الانبیاء حضرت سیدنا علی مرتضیٰؓ سے ملتا ہے، حضرت بابا شہاب الدین اپنے پیر کے ہمنام ہونے کے علاوہ علم وعمل، اخلاق وکردار، انداز وگفتار، عبادت وریاضت، تقوی ومجاہدہ میں بھی اپنے پیر بے نظیر حضرت شہاب الدین عمر سہروردی کے عکس تھے، علم معرفت کے لیے اپنے پیر کی خانقاہ میں حاضر ہوئے، جہاں آپ نے سلوک کی منازل کو طئے کیا اور اپنے پیر کے خاص خلفاء میں شامل ہوئے۔

تاجدار دوعالم ﷺ کے حکم پر اشاعت اسلام کے لیے ۶۳۱ھ میں سلاطین خلجیہ میں زمانے میں سلطان شمس الدین التمس کے دور حکومت میں دہلی تشریف لائے آپ کے ساتھ ستر افراد تھے، جن میں دو آپ کے حقیقی بھائی حضرت سید بابا شرف الدین شہروردی جن کا مزار ''پہاڑی شریف'' کے نام سے مشہور ہے، اور حضرت سید بابا موسیٰ سہروردی تھے، اور بابا موسیٰ کے صاحبزادے حضرت بابا فرید سہروردی بھی آپ کے ہمراہ تھے، جن سے آپ کا خاندانی سلسلہ جاری ہوا، آپ کے پیر بھائی حضرت بابا فخر الدین سہروردی ''جن کا مزار منی کنڈہ میں ہے'' بھی آپ کے ساتھ تھے، تین سال دہلی میں تبلیغ اسلام کے امور انجام دیے، سلطان التمش کے بعد رضیہ سلطانہ تخت نشیں ہوئیں، اس وقت آپ دہلی سے دکن تشریف لائے، ۶۴۰ھ میں دکن کے بالا پور مقام پر قیام کیا، اس وقت حیدرآباد ورنگل کے نام سے تھا، جہاں رانی رُودرمہ کی حکومت تھی، پہاڑی والے مقام کو اپنا قیم گاہ بنایا، ابتداء غیر مسلم آپ سے نفرت کرتے تھے، لیکن آپ اس نفرت کا جواب محبت سے دیتے، آپ نے اپنے ہمراہیوں کو سنسکرت، تیلگو اور تمل سیکھنے کا حکم دیا، جس کی بناء پر تمام کو ان زبانوں پر عبور حاصل ہوگیا، ایک سال کے عرصہ میں آپ کے اخلاق کریمہ کی بناء پر لوگ آپ سے محبت کرنے لگے، پھر آپ نے توحید ورسالت کو ان کے سامنے پیش کیا تو لوگ اس پیغام حق کو قبول کرتے چلے گئے، پھر آپ اپنے بھائی کی رفاقت سے جدا ہوکر بمقام غار کی ٹیکری، شمس آباد پر رونق افروز ہوئے جہاں ذکر واذکار، وعظ ونصیحت کا سلسلہ جاری ہوا۔

آپ اوصاف حمیدہ کے پیکر، صاحب کشف وکرامات، جامع الفضل والکمال مقبول الدعا ولی تھے، اہل اصنام آپ کی عادت واطوار کو دیکھ کر مانوس ہوتے رہے، آپ بڑے خوش اخلاق، سادہ طبیعت، مہمان نواز تھے، ہر امیر وغریب، راجہ اور رعایا کی خاطر داری کرتے تھے، ہر ایک سے

خندہ پیشانی اورخوش اخلاقی سے پیش آتے تھے،آپ کی یہ تعلیم تھی کہ ہم سب بنی آدم باہم برابر ہیں ، سلاسل کے دور ہونے سے ایک دوسرے سے جدا ہوگئے ، سب انسان بھائی بھائی ہیں ،انسان آپس میں یکجہتی کے ساتھ رہیں ، ہمدردی کریں ، رنج وراحت میں شریک رہیں ،آپ کے معتقدین کو یہ ہدایت ہوتی کہ کوئی بھی شخص دوسرے کو برا بھلا نہ کہے،آپ کی مجلس میں بلا فرق مذہب وملت لوگ یکجہتی کا مظاہرہ کرتے ، اللہ والوں کی تعلیم کا نتیجہ ہے کہ آج بھی ہر خوشی وغم میں ایک دوسرے کے ساتھ رہتے ہیں۔

اللہ والوں کی تعلیمات انسان کو انسان کا احترام سکھاتی ہے ، ایک دوسرے بندے سے محبت کرنا سکھاتی ہے ، اور کسی زبان یا علاقہ سے نفرت نہیں سکھاتی ، اسی لیے حضرت نے سنسکرت ، تیلگو اور تمل زبان سیکھنے کا حکم دیا ، یہ وہ دو اہم پہلو ہیں اگر آج کا انسان اس کو سمجھ جائے تو دنیا کے کسی بھی حصہ میں نفرت نہیں ملے گی ، یہی اسلام کی تعلیم ہے اور یہی روحانیت ہے ، اللہ تعالی اپنے ان بندوں کو بھٹکی ہوئی انسانیت کو جوڑنے کے لیے بھیجا ہے ، اور بندوں کو اللہ سے ملانے کے لئے اللہ کے نزدیک سب سے پسندیدہ عمل اللہ کے بندوں کی خدمت ہے ، اس خدمت سے بندے میں غرور وتکبر کا خاتمہ ہوتا ہے ، اور یہی بندہ اللہ کا قرب حاصل کرتا ہے ، بقول علامہ اقبال کے:

درد دل کے واسطے پیدا کیا انسان کو
ورنہ طاعت کے لیے کچھ کم نہ تھے کروبیاں

اللہ تعالیٰ تمام انسانوں کو ایک دوسرے کو سمجھنے کی توفیق عطا فرمائے ، نفرت کو ختم کرنے کے لیے ہر انسان کو آگے بڑھنے کی محبت وجرات عطا فرمائے ، آمین۔

آصفیہ شمیم
پی ایچ ڈی ریسرچ اسکالرعثمانیہ یونیورسٹی حیدرآباد

ڈاکٹر زور کے تدوینی کارنامے

تدوین کے معنی متفرق اشیاء یا اجزاء کو اکٹھا کر کے ان کو ترتیب دینا ہے کہ متن ک اس طرح پیش کرنا کہ جس طرح مصنف نے اسے آخری بار لکھا تھا۔ اسی عمل کا نام تدوین ہے۔ بعض دفعہ کی متن کے متعدد نسخے ملتے ہیں ایسی صورت میں اس کے مختلف نسخوں کا تقابلی مطالعہ کر کے صحیح متن تیار کیا جاتا ہے کبھی کبھی کے متن کا ایک ہی نسخہ ملتا ہے ایسی صورت میں اسی ایک نسخے کا مطالعہ کر کے مصنف کے خیال کو پیش کیا جاتا ہے۔ تدوین متن کا کام انجام دینے کے لیے محقق میں تخلیقی صلاحیتوں کے علاوہ اور بہت سے اصناف سخن کا جاننا ضروری ہے، جسے علم بیان علم معانی اور علم بدیع سے واقفیت فارسی زبان پر عبور مخطوطہ شناسی میں ملکہ اور سب سے بڑھ کر تدوین کے طریقہ کار و آداب سے ذہنی لگاؤ ہونا چاہئے۔

خدائے برتر نے ڈاکٹر زور کو تحقیقی مزاج کے ساتھ ساتھ تدوین متن کی صلاحیتوں سے نوازا تھا۔ یہی وجہ ہے کہ انہوں نے قدیم ادب کے شہ پاروں کی تدوین میں بے نظیر کارنامے انجام دیتے، ان کی کوششوں کی بدولت گوشۂ گمنامی سے منظر عام پر آئے۔ ڈاکٹر زور کے تدوینی کارنامے حسب ذیل ہیں۔

گلزار ابراھیم

ڈاکٹر زور نے انجمن ترقی اور ہندی کی فرمائش پر علی ابراھیم خان کے تذکرہ گلزار ابراھیم کی تدوین کی تھی۔ ۱۹۸۴ء میں کتاب مسلم یونیورسٹی علی گڑھ پریس کی جانب سے شائع ہوئی علی ابراھیم خان اردو کے ایک نامور مورخ ادیب اور شاعر تھے، علی ابراھیم کی شہرت کا دارومدار تذکرہ گلزار ابراھیم پر ہی ہے، انہوں نے یہ تذکرہ فارسی میں لکھا تھا۔ فورٹ ولیم کالج کے منشی سید حیدر بخش حیدری نے اس تذکرہ کا ''گلشن ہند'' کے نام سے اردو میں ترجمہ کیا تھا گلزار ابراھیم میں ۳۱۹ شعراء کے حالات کا ذکر ہے، جبکہ گلشن ہند میں صرف ۷۰رشاعروں کے حالات درج ہیں گلزار ابراھیم کے پیش لفظ میں ڈاکٹر زور لکھتے ہیں کہ عام طور پر تذکرہ نگار شعراء کے حالات سے زیادہ نمونہ کلام کو اہمیت دیتے ہیں لیکن علی ابراھیم نے شعراء کی زندگی کے حالات کی تحقیق پر زیادہ زور دیا ہے اس تذکرے کا خاص وصف یہ ہے کہ اس سے بارھویں صدی ہجری سے قبل شمالی ہند میں اردو ادب کی نشوونما کا پتہ چلتا ہے۔

کلیات سلطان محمد قلی قطب شاہ

دیوان شاعر سلطنت گولکنڈہ کے پانچویں حکمراں محمد قلی قطب شاہ کے ضخیم کلیات کی تدوین ڈاکٹر زور کا سب سے اہم اور بے مثال کارنامہ ہے۔ کلیات محمد قلی قطب شاہ کو ڈاکٹر زور نے کتب خانہ سالار جنگ حیدرآباد میں محفوظ تین مخطوطوں اور پروفیسر آغا حیدر حسن کے ایک قلمی نسخے کی مدد سے تین سال کی کڑی محنت اور جانفشانی کے بعد مرتب و مدون کیا ہے۔ کتب خانہ سالار جنگ میں کلیات محمد قلی کے مخطوطات میں سے ایک مخطوطہ نہایت قدیم ہے۔ اسی نسخہ میں طلائی کام کیا گیا ہے اور یہ باتصویر بھی ہے، اس کی کتابت سلطان محمد قلی کی زندگی ہی میں ہوئی تھی، اس نسخے کی اکثر غزلوں اور نظموں میں محمد قلی نے اپنا تخلص ''معانی'' استعمال کیا ہے البتہ کہیں کہیں قطب یا قطب شہہ بھی ملتا ہے کتب خانہ سالار جنگ کا ایک اور مخطوطہ بھی شاہی نسخہ ہے لیکن یہ محمد قلی قطب شاہ کے انتقال کے بعد لکھا گیا ہے، اس نسخے میں اکثر مقامات پر شاعر نے اپنا تخلص قطب شہہ اعمال کیا ہے، اس وجہ سے بعض محققوں کو یہ غلط فہمی ہوئی کہ

پہلا مخطوط سلطان محمد قلی کا کلیات ہے اور دوسرا مخطوطہ سلطان محمد قطب شاہ کا ہے ڈاکٹر زور نے نہایت باریکی سے اس غلط فہمی کو دور کیا اور مختلف دلیلوں کے ساتھ ثابت کیا ہے کہ معانی اور قطب شہہ محمد قلی کے تخلص ہیں اور خصوصا مقطعوں میں معانی کے بجائے قطب شہ بطور تخلص لایا گیا ہے، اس تبدیلی کی طرف اشارہ کرتے ہوئے ڈاکٹر زور لکھتے ہیں:

"معلوم ہوتا ہے کہ خود سلمان محمد قلی نے آخر میں معانی کی جگہ قطب شہ تخلص کرنے کو ترجیح دی تھی، اس لیے پہلا دیوان مرتب ہونے کے بعد جو کچھ لکھا وہ اسی تخلص سے لکھا ہے اور یہ بھی ہوسکتا ہے کہ بعد سلطان محمد نے اس کلام مرتب کرتے وقت ہر جگہ معانی نکال کر قطب شہ ڈال دیا ہوگا"۔

کلیات محمد قلی کا تدوین ڈاکٹر زور کا ایک ایسا عظیم کارنامہ ہے، جس کی بدولت اردو زبان میں قدیم ترین شعراء کے کلیات کی تلاش وتحقیق، ترتیب وتدوین کا باضابطہ آغاز ہوا ،ڈاکٹر زور کی یہ کتاب ایک ہزار اڑسٹھ صفحات پر مشتمل ہے۔ کتاب میں تدوین کلام سے قبل ڈاکٹر زور نے ۳۳۵ صفحات پر ایک سیر حاصل مقدمہ بھی تحریر کیا ہے انہوں نے محمد قلی کے حالات وسوانح پوری تفصیل کے ساتھ قلم بند کیے ہیں اور اس عہد کی تہذیب وثقافت کا دل آواز نقشہ کھینچا ہے۔ ڈاکٹر زور کی اس کتاب کے مطالعے سے پتہ چلتا ہے کہ سلطان محمد قلی کی شاعری کا مزاج اور ماحول خالص ہندوستانی ہے اس میں دکن کی مٹی کی خوشبو اور سرزمین دکن کے درختوں کی ٹھنڈک ہے۔
ڈاکٹر زور کے مرتبہ ملکیت محمد قلی کے پہلے حصے میں مختلف موضوعات پر لکھی ہوئی نظمیں ہیں، جن کی تعداد ۲۲۰ ر ہے۔ ان میں ہر موضوع پر ایک سے زائد نظمیں ملتی ہیں، جن سے شاعر کے ذہن کی وسعت اور فکر کے تنوع کا پتہ چلتا ہے۔ کلیات محمد قلی کا دوسرا حصہ غزلوں پر مشتمل ہے، جس میں ۳۱۲ ر غزلیں ہیں۔ تیسرے حصے میں دیگر اصناف سخن کے عنوان سے محمد قلی کے ۱۲ ر قصیدے، ۱۴۱ ر رباعیاں اور ایک مختصر مثنوی شامل ہے۔

طالب وموہنی

مثنوی طالب وموہنی سید محمد والہ موسوی کے تصنیف ہے والد ایک ایرانی نژاد امیر تھے جو شاہ عالم کے عہد حکومت میں دہلی آئے بعد میں وہ دکن منتقل ہوئے والہ بہت بڑے مصنف، شاعر اور انشاء پرداز تھے، ان کی مثنوی طالب وموہنی کو دکن میں بڑی تاریخی شہرت حاصل ہوئی، اس مثنوی میں انہوں نے اورنگ آباد اور عثمان آباد کے ایک تاریخی شہر پرنیدہ کی ایک مقبول عام عشقیہ داستان نظم کی ہے جو ۱۱۳۷ء سے قبل لکھی گئی۔ طالب موہنی کا قصہ ایک ہندو مہاجن کی بیٹی موہنی اور ایک مسلمان نوجوان طالب کے عشق کی درد بھری داستان ہے طالب وموہنی کے تین قلمی نسخے دریافت ہوئے ہیں۔

کتب خانہ ادارہ ادبیات اردو قلمی نسخے کی مدد سے ڈاکٹر زور نے اس مثنوی کا متن مرتب کیا کتاب کے آغاز میں مصنف مصنف اور اس کی تصنیف کا تعارف کروایا گیا ہے۔ ڈاکٹر زور نے اس خیال کو غلط بتلایا ہے کہ والہ قطب شاہ دور کا شاعر ہے چونکہ والہ نے اس مثنوی میں قطب شاہی دور کے شاعر ابن نشاطی اور ان کی "پھول بن" کا تذکرہ کیا ہے اس لیے والہ کو قطب شاہی دور کے "پھول بن" کے جواب میں لکھی تھی، لیکن طالب وموہنی "پھول بن" کے مرتبے کو نہیں پہنچتی۔
طالب وموہنی کی اس اعتبار سے اہمیت ہے کہ میر کی مثنوی "دریائے عشق" کا قصہ والد کی اس مثنوی سے لیا گیا ہے۔

ڈاکٹر زور کے قدیم ادب سے متعلق ان کے بعض ادھورے اور نامکمل کام بھی غیر معمولی نوعیت کے حامل ہیں، جو کئی وجہ سے منظر عام پر نہیں آسکے۔

ارشادنامہ

ارشادنامہ بیجاپور کے مشہور صوفی شاعر سید شاہ برہان الدین جانم کی عارفانہ مثنوی ہے۔ ادارۂ ادبیات اردو

کے قلمی نسخے کی مدد سے ڈاکٹر زور نے اس مثنوی کا متن مرتب کیا۔ اس کتاب کی تدوین ۱۹۳۷ء میں کی گئی، یہ مثنوی ڈھائی ہزار اشعار پر مشتمل ہے اس مثنوی کے فوری بعد جانم کی نظم ''سکھ سہیلائی''، نقل کی گئی ہے ارشاد نامہ کو ڈاکٹر زور کے شاگرد مولوی اکبرالدین صدیقی نے ایک سے زائد نسخوں کی مدد سے مرتب کر کے ۱۹۷۱ء میں شائع کروایا۔

سکھ سہیلا

سکھ سہیلا جانم کے مشہور صوفیانہ نظم ہے جانم کے اس پہلے میں ۲۸ ر بند ہیں۔ ڈاکٹر زور نے سکھ سہیلا کے مکمل متن کی تدوین کی ہے لیکن یہ وضاحت نہیں کی کہ انہوں نے کتنے اور کون کون سے قلمی نسخوں کی مدد سے یہ متن تیار کیا۔

ابراھیم نامہ

ابراھیم نامہ عبدل کی تصنیف ہے وہ سلطان ابراھیم عادل شاہ ثانی کے دور سے تعلق رکھتا تھا، یہ مثنوی ۱۶۰۳ء کی تصنیف ہے، کتب خانہ سالار جنگ حیدرآباد کے قلمی نسخے کی مدد سے ڈاکٹر زور نے اس مثنوی کا متن تیار کیا۔ کئی وجہ سے اس کتاب کی اشاعت عمل میں نہ آسکی۔

تاج الحقائق

ڈاکٹر زور کے نامکمل تحقیق وتدوین منصوبوں میں دکنی نثر کی مشہور کتاب ''تاج الحقائق'' کی تدوین بھی شامل ہے۔ کتب خانہ سالار جنگ کے قلمی نسخے کی مدد ڈاکٹر زور نے ''تاج الحقائق'' کی تدوین کی۔ اس کتاب کا بڑا حصہ طبع بھی ہو چکا تھا، بعد میں یہ کام ادھورا رہ گیا ''تاج الحقائق'' میراں جی شمس العشاق نے لکھی تھی۔ ان کتابوں کے علاوہ ڈاکٹر زور نے دکن اور شمال کے لکھنے والے بعض شعراء کے کلام کے انتخابات بھی اپنے مفید مقدموں کے ساتھ شائع کیا ہے جن میں معانی سخن، قصص خوب ترنگ اردو شاعری کا انتخاب اور سخن سیریز قابل ذکر ہیں۔

اردو شاعری کا انتخاب ۱۹۶۰ء میں ڈاکٹر زور نے ساہتیہ اکیڈمی کی فرمائش پر لکھی تھی ۳۰۶ ر صفحات پر مشتمل اس کتاب میں اردو کے بہترین نمائندہ شعراء کے منتخب کلام کا انتخاب پیش کیا گیا ہے ۳۸ ر شعراء کے منتخب کلام کا انتخاب کرنے میں ڈاکٹر زور نے پانچ سال صرف کیے ہر شاعر کے کلام سے پہلے چند سطور میں اس کے واقعات، حیات اور شاعری کے بارے میں اہم معلومات قلم بند کی گئی ہیں۔

ڈاکٹر زور کی ترتیب وتدوین کے ان کتابوں کو پڑھنے کے بعد یہ واضح ہوتا ہے کہ دکنی ادب کی تاریخ تحقیق وتدوین اور لسانیات کے علاوہ تدوین کے شعبے میں بھی انہوں نے انمٹ نقوش چھوڑے ہیں۔

حکیم سید شاہ محمد خیر الدین قادری ،صوفی (نبیرہ
شاہ چراغ دکن)،حیدر آباد

حضرت سید مظاہر الدین شاہ چشتی قادری

سرزمین دکن کو یہ اعزاز حاصل ہے، یہاں اہل علم کی ہمیشہ پذیرائی کی جاتی رہی ہے اور اسی طرح اللہ کے محبوب بندوں نے بھی اس سرزمین کو فیوض روحانی سے دکن کو منور کیا،انہیں اللہ کے محبوب بندوں میں حضرت سید مظاہر الدین شاہ حسینی چشتی قادری بخاری کی ہے۔آپ ۱۳۷ے۹ء مطابق ۱۲۱۰ھ کو بخارا میں پیدا ہوئے۔آپ سلسلہ نسب حضرت غوث الاعظم سے جاملتا ہے،آپ اکیسویں پشت میں ہوتے ہیں۔

۱۲رسال کی عمر میں آپ نے خواب دیکھا کہ حضرت باباشرف الدین سہروردی نے دکن آنے کا حکم دیا، یہاں یہ بات قابل ذکر ہے کہ حضرت باباشرف الدین سہروردی کو حضورؐ نے خواب میں دکن روانہ ہونے کا حکم دیا تھا،اسی طرح حضرت موصوف کو باباشرف الدین سے حکم حاصل ہوا۔چنانچہ آپ نے دکن کی جانب سفر اختیار کیا۔بخارا سے سفر طے کرتے ہوئے دکن میں جلوہ گر ہوئے۔پہلے آپ نے حضرت باباشرف الدین کی بارگاہ میں حاضری دی، وہاں آپ کو ہدایت دی گئی کہ میرے بھائی باباشرف الدین کی خدمت میں حاضری دو، وہاں تم اپنے مقصد کو پالوگے۔چنانچہ آپ حضرت کی خدمت میں حاضر ہوئے اور حسب ہدایت آپ مسجد کی طرف روانہ ہوئے اور وہاں آپ کی خدمت میں بلاتفریق مذہب وملت کے لوگ نے حاضری دینا اپنے لیے رحمت سمجھتے تھے۔چند ہی عرصے میں ہر طرف آپ کے محبان کا چرچا ہوگیا اور مصیبت زدہ آپ کے در سے فیض پاتے۔

اللہ والوں کی زندگی کا ایک مقصد ہوتا ہے کہ اللہ کے بندوں کو اللہ سے جوڑے۔چنانچہ اسی مقصد کے حصول کے لیے اللہ کے بندوں کو قریب کرکے اور اپنی عملی زندگی ان کے سامنے نمونہ پیش کرتے اور اپنے روحانی طاقت سے ان کے قلوب کو پھیر دیتے۔یہ عمل وکردار ہے جو ہر اللہ کے ولی کا نصب العین تھا اسی وجہ سے ہر مذہب کے لوگ ان کے گرویدہ ہوتے اور وہ دائرہ اس میں پناہ حاصل کرلیتے۔ہندستان میں انہیں اللہ کے محبوب بندوں کے ذریعہ اسلام پھیلا اور آج مسلمانوں کی تعداد کروڑوں میں ہوگئی۔لیکن افسوس اس بات کا ہے کہ اللہ کے محبوب بندوں کی کاوشوں کو پس پشت ڈال کر آج مسلمان ایک دوسرے کو اسلام سے خارج کرنے کی ناکام کوشش میں دوسروں سے سبقت لے جارہے ہیں۔جب خود مسلمان دوسرے مسلمان کو کافر کہنے میں وقت برباد کریں گے تو پھر دیگر قوم کو اسلام کی طرف راغب کون کرے گا۔آج ہر فرقہ خود کو حق بتانے میں مصروف ہے،اس کا فیصلہ تو اللہ تعالیٰ ہی کرے گا کہ کون حق پر ہیں۔اتنا ضرور ہے کہ ہر مسلمان وہ راستہ ہرگز اختیار نہیں کرتا جو اللہ اور اس کے رسول کو پسند نہ ہو۔

پروفیسر مظفر علی شہ میری
وائس چانسلر، ڈاکٹر عبدالحق اردو یونیورسٹی، کرنول

عبدالغفور نساخ: حیات اور کارنامے

ابتدائیہ:

عبدالغفور نساخ مرزا غالب کے ہم عصر اور کلکتہ کے صاحبِ طرز شاعر و ادیب گزرے ہیں۔ محمد عادل خان نے ان کی پیدائش کی تاریخ یکم شوال المکرّم ۱۲۴۹ھ مطابق ۳۱ رجنوری ۱۸۳۴ء لکھی ہے۔ نساخ نے محلّہ کلنگا پیرو خانسا ماں گلی (موجودہ نواب عبد الرحمٰن اسٹریٹ) کلکتہ میں آنکھیں کھولیں۔ (ا) جہاں تک میری محدود معلومات کا تعلق ہے، نساخ بہت کم لکھا گیا ہے۔ مجھے بس دو چار کتابوں ہی کا علم ہوا جن کی روشنی میں یہ کلیدی خطبہ تیار کیا گیا ہے نظر ثانی کے بعد مقالے کی صورت میں ہدیہ قارئین کیا جاتا ہے۔

خدا کی مرضی کہوں، میں نے نساخ مرحوم کے تعلق سے کبھی کچھ نہ پڑھا تھا اور نہ ہی سنا تھا۔ مجھے اپنی کم علمی کا اعتراف ہے۔ تاہم ریختہ ڈاٹ کام پر جو کتابیں دستیاب ہیں، میں نے ان کا مطالعہ کیا اور بڑی دلچسپی سے پڑھا۔ مجھے ذاتی طور پر سوانح عمریاں پڑھنے کا شوق ہے۔ چنانچہ نساخ مرحوم کی سوانح عمری میں نے دل لگا کر پڑھی۔ ان کے کلام اور نثری تحریروں کو بھی بغور دیکھا اور اس کی قدر و قیمت متعین کرنے کی کوشش کی۔

میں نے ان پر تحریر کردہ دو کتابوں کا بالاستیعاب مطالعہ کیا: ''نساخ سے وحشت تک'' از سید لطیف الرحمٰن اور دوسری ''عبدالغفور نساخ'' از محمد عادل خان۔ ان کے علاوہ ثانی الذکر کتاب میں جن دوسرے لوگوں کے بیانات یا حوالے آئے ہیں انہیں بھی میں نے غور سے پڑھا۔ مجھے لگا کہ نساخ مرحوم کے ساتھ کچھ انصاف نہیں ہوا ہے۔ مجھے نہ ان کی شخصیت کا تجزیہ صحیح معلوم ہوا اور نہ ہی ان کے فن پر قائم کردہ رائے مناسب لگی۔ چنانچہ میں سمجھتا ہوں کہ نساخ مرحوم کی حیات، شخصیت اور ان کے شعری و نثری فن پاروں پر نظر ثانی کی جائے تو بہتر نتائج ہمارے سامنے آئیں گے اور دنیا نساخ کی ایک نئی اور بدلی ہوئی صورت کا دیدار کرے گی۔ میں نے اسی مفروضے پر اپنے مقالے کی بنیاد رکھی ہے۔

سب سے پہلے ہم نساخ کی شخصیت کا تجزیہ کریں گے۔ سید لطیف الرحمٰن نے انکی شخصیت کے تعلق سے جو رائے قائم کی ہے وہ کافی حد تک متنازعہ فیہ۔ ایک جگہ وہ لکھتے ہیں:

''نساخ کی خودنوشت سوانح عمری اور دیگر تصنیفات کے مطالعے سے نساخ کی سیرت کا خوب پتہ لگتا ہے۔ نساخ کی فطرت کا سب سے نمایاں پہلو یہ ہے کہ وہ بڑے خود پسند اور خود نما آدمی تھے۔ (۲)

وہ مزید لکھتے ہیں:

''انہوں نے اپنی زندگی کے بہت سارے واقعات مزے لے لے کر بیان کیے ہیں۔ لیکن ہر موقع پر اپنی عالمانہ، عاقلانہ اور شاعرانہ جتانے کی کوشش کی ہے۔ وہ اگرچہ حقیقت ہے، لیکن اس طرح کہ خوئے خود پسند بے نقاب ہو جاتی ہے''۔ (ایضاً)

ان دونوں بیانات سے ان کی شخصیت کے دو پہلو سامنے آتے ہیں۔ خود پسندی اور خود نمائی۔ خود پسندی کی بات سمجھ میں آتی ہے، کیونکہ ان کے اندر احساسِ تفاخر پیدا ہونے کے کئی اسباب تھے۔ (الف) پس منظر۔ آپ کا تعلق حضرت خالد بن ولید سے ہے۔ والد ایک کامیاب وکیل اور بڑے بھائی عبداللطیف آئی سی آئی، ڈپٹی مجسٹریٹ، ڈپٹی کلکٹر اور ریاست بھوپال کے وزیر۔ (ب) خود کافی ذہین تھے۔ جو علم سیکھنا چاہا سیکھ لیا۔ بسا اوقات بنا کسی دشواری کے سیکھا۔ خط ناخن کا ایک

نمونہ دیکھا اور اپنی ذہانت سے خود سیکھ لیا۔علم رمل، علم جفر، علم نجوم وغیرہ۔نساخ مشہور مستشرق اے۔بی کاول کو اردو اور فارسی پڑھایا کرتے تھے۔ایک دن انہوں نے بیتال پچیسی پڑھانے کو کہا۔وہ ناگری رسم الخط سے نابلد تھے۔وہاں کچھ نہ کہا۔باہر آکر لالہ رام چرن مختار جو شطرنج میں ان کے شاگرد تھے، انہیں اپنا حال سنایا۔موصوف بنگالی رسم الخط کی مدد سے نساخ کو ناگری رسم الخط کے اہم نکات سمجھائے جن کی بنیاد پر انہوں نے رات بھر مشق کی اور دوسرے دن سے کاول صاحب کو بیتال پچیسی پڑھانے لگے۔(ج) جس عمر میں انہیں ایک استاد کی تلاش تھی، کسی خواجہ نے ان کے سامنے زانوئے ادب تہہ کیا۔(د) بعد کے زمانے میں ان کی پوسٹنگ خطرناک جگہوں پر ہوتی تھی، جسے وہ اپنے لیے باعثِ افتخار سمجھتے تھے۔(ھ) رسل صاحب (بیلی صاحب کے ماتحت اور رجسٹرار) جیسے افسران انہیں ''سروقد تعظیم پیش کرتے تھے۔تنگ دستی میں بھی پالکی سوار تھے۔کسی نے انہیں شطرنج نہ آنے کا طعنہ دیا۔وہ طعنہ سہ نہ سکے۔شطرنج سیکھی اور مشاہیرِ وقت کے ساتھ بازیاں کھیلیں (۳) ظاہر ہے اس پس منظر کا رکھنے والا شخص خود پسندی ہوگا ہی اور گر نہ ہو تو حیرت کی بات ہوگی۔

مگر جہاں تک خودنمائی کی بات ہے، اس پر تھوڑا سا تامل کرنا پڑے گا۔اسی لیے محمد حامد علی خان نے اپنی تصنیف عبد الغفور نساخ میں اس بات کو کسی قدر نرم لہجے میں کہا ہے۔وہ لکھتے ہیں:

''نساخ خودنمائی کے بھی عادی تھے، لیکن حتمی طور پر نہیں کہا جاسکتا کہ یہ خودنمائی ہے یا حقیقت حال''۔(۴)

اس کے بعد موصوف نے ان کی رشوت خوری کا ذکر کیا ہے۔نساخ مرحوم نے اعلان کیا تھا کہ نہ وہ رشوت لیں گے نہ کسی کو رشوت لینے دیں گے۔

محمد حامد علی کی طرح مجھے بھی نساخ کی خودنمائی کو تسلیم کرتے ہوئے تامل ہو رہا ہے۔کیوں کہ جہاں وہ اپنی کامیابیوں اور کامرانیوں کو بیان کرتے ہیں وہیں اپنی کمزوریوں کو بلا کم وکاست بیان کرنے میں شرم محسوس نہیں کرتے۔ مثلاً (الف) ہائی کورٹ جج بیلی صاحب کی سفارش کے باوجود انہیں نوکری نہیں ملتی (ب) نوکری کے لیے عملیات کرتے ہیں اور ناکام ہو جاتے ہیں تو اپنی گھبراہٹ نہیں چھپاتے (ج) اپنی تنگ دستی کا اظہار کرتے ہیں (د) کاول سے پڑھانے کی اجرت پر جو تکرار ہوتی اسے پوشیدہ نہیں رکھتے۔کسی نے افیون کھانے کے لیے کہا، کھالیا۔(ھ) کسی سے ناراضگی نہیں چھپاتے۔مثلاً جناب اخوی صاحب کے تعلق سے نساخ کو یہ بدگمانی تھی کہ وہ ان کی سفارش نہیں کرتے۔لیکن بعد میں وہ اسے اپنی ناتجربہ کاری گردانتے ہیں (و) وہ کھلے دل سے یہ بھی لکھ دیتے ہیں کہ لوگ انہیں ''غصہ مجسم'' کہتے ہیں (ز) کسی کا پلاؤ، قورمہ، کباب میٹھے چاول، مٹھائی، اچار وغیرہ کھایا کرتے تھے۔ان پر مقدمہ چلا۔نساخ اس مقدمے کو کسی دوسری عدالت میں بھیج دینا چاہتے ہیں مگر ان کا مقدمہ ان ہی کی عدالت میں آیا۔چنانچہ جب نساخ ان کے خلاف فیصلہ سناتے ہیں تو انہیں ملزم کی کھلائی ہوئی ساری چیزیں یاد آجاتی ہیں۔اور وہ اپنا اضطراب نہیں چھپاتے۔(ح) کسی نے انہیں امتحان پاس کرنے کے لیے انگشتری چاٹنے کے لیے کہا، چاٹ لیا (ط) امتحانات میں کامیابی کے لیے جن توہمات کا سہارا لیا وہ بھی لکھ دیا (ی) انہیں گلے سے خون نکلتا تھا، ایک مرتبہ زیادہ خون نکل آتا ہے تو وہ اپنی گھبراہٹ کو نہیں چھپاتے۔

عرض کرنا یہ ہے کہ نساخ اگر خودنمائی کے شوقین ہوتے تو وہ آسانی کے ساتھ اپنی کمزوریوں پر پردہ ڈال سکتے تھے۔ مگر انہوں نے ایسا نہیں کیا اور اپنی تمام کمزوریوں کو عوام کے سامنے رکھ دیا۔ہوسکتا ہے کہ آپ میری رائے سے اتفاق نہ کریں۔اور یہ استدلال کریں کہ کمزوریوں کو بیان کرنا بھی خودنمائی ہے۔یقیناً ہوسکتی ہے مگر ایک بات میں دعوے کے ساتھ کہہ سکتا ہوں کہ ان کے لہجے میں خودنمائی نہیں ہے۔وہ بنا کسی لاگ لپیٹ کے بیان کرتے ہیں۔میرے خیال میں نساخ ایک کھرے انسان

تھے جو دنیا کی پروا کیے بغیر اپنی بات کہہ دیتے تھے۔

سید لطیف الرحمٰن نے ان پر یہ الزام بھی لگایا ہے کہ انہوں نے جو کچھ لکھا وہ ادبی شہرت حاصل کرنے کے لیے کہا:

''ان کو ادبی شہرت کی بھی خواہش تھی جس کی وجہ سے بیسیوں کتابیں لکھ ڈالیں۔ یہ اسی خواہش کا نتیجہ تھا کہ ''انتخابِ نقص'' لکھ کر اپنے آپ کو لکھنؤ کے اربابِ ذوق کا موضوع بحث بنالیا''۔(۶)

نساخ کے ساتھ یہ بڑی زیادتی ہے۔ کتابوں کی تصنیف کی وجہ ''شہرت'' لکھنا صحیح نہیں ہے۔ضروری نہیں کہ کسی عمل کی کوئی ایک وجہ ہی ہو۔ فنکار کی شخصیت بڑی گہری اور تہہ دار ہوتی ہے،اسے کسی ایک خانے میں بند کرنا کسی بھی طرح صحیح نہیں ہے۔

سید لطیف الرحمٰن نے نساخ کی شخصیت کی ایک اور خرابی یہ بتائی ہے:

''ان کی فطرت کا دوسرا نمایاں پہلو یہ ہے کہ جس آدمی کو پسند کرتے تھے،اسے خوب بڑھاتے تھے اور جسے ناپسند کرتے تھے اسے بالکل خاطر میں نہیں لاتے تھے۔(۷)

اس کے بعد لطیف الرحمٰن نساخ کی اہلِ دہلی سے محبت اور اہلِ لکھنؤ سے ان کی نفرت کو مثال کے طور پر پیش کیا ہے۔ یہ عین ممکن ہے کہ کسی آدمی کے اندر انتہا پسندی ہو لیکن جو مثالیں انہوں نے دی ہیں، مجھے ان سے اتفاق نہیں ہے۔ وہ اہلِ دہلی سے کیوں محبت کرتے ہیں اور اہلِ لکھنؤ سے کیوں نفرت؟

مجھے اس سلسلے میں دو باتیں عرض کرنی ہیں۔

(۱) جہاں کہیں بھی ان کا تبادلہ ہوا نساخ نے وہاں کے پیڑ پودوں پھل پھول جانور چرند پرند اور باکمال لوگوں کے بارے میں معلومات حاصل کیں اور انہیں اپنی سوانح حیات درج کیا۔ ان میں سے جو کچھ انہیں پسند آیا اس کی کھل کر تعریف کی اور میرے خیال میں یہ ایک فطری عمل ہے۔

(۲) ایسا نہیں ہے کہ انہوں نے بڑے بڑے لوگوں ہی کی تعریف کی ہے انہوں نے ایک چپراسی کی بھی تعریف کی:

''چرنجیت چپراسی قوم کا بھاٹ تھا۔۔۔۔ستر برس کی عمر کا تھا لیکن بڑا ہوشیار اور مظبوط تھا اور کام اس قدر جلد کرتا تھا کہ میں نے کسی کو نہیں دیکھا۔۔۔ بھاگل پور تک کے چودہ کوس کا فاصلہ ہے۔ رات کو تنہا جاتا تھا اور شیر اور ریچھ سے ڈرتا نہ تھا کہ شیر اور ریچھ راستے میں بہت تھے''۔(۸)

ایک بات یہ بھی قابلِ غور ہے کہ وہ اپنے پسندیدہ لوگوں کے کمالات کا کھل کر ذکر کرتے ہیں اور اپنے ناپسندیدہ لوگوں کی خامیوں کو بطور کلیے کے پیش کرتے ہیں نہ کہ کسی خاص آدمی کی برائی بیان کرتے ہیں۔ اس سے ظاہر ہوتا ہے کہ وہ نیکیوں کو پسند کرتے ہیں اور بدی سے بھاگتے ہیں۔ مجھے محمد حامد علی خان کا یہ قول یہاں دہرادینا چاہئے:

''سید لطیف الرحمٰن اور محمد خالد عابدی نے جو اطلاعات فراہم کی ہیں وہ غالباً سہل پسند تحقیق کا نتیجہ ہیں''۔(۹)

میں اس پر اضافہ کرنا چاہتا ہوں کہ یہ نہ صرف سہل پسند تحقیق کا نتیجہ ہیں بلکہ غیر ذمے دار تجزیے بھی ہیں۔

میرا خیال ہے کہ نساخ مرحوم کی شخصیت کا دوبارہ مطالعہ کرنا چاہئے۔ خاص طور پر کسی ماہرِ نفسیات سے کروانا چاہئے۔ یا ان کا نفسیاتی مطالعہ ہونا چاہئے۔ میں نے یہاں ایک ہلکا سا نفسیاتی مطالعہ کرنے کی کوشش کی ہے۔

نساخ مرحوم ایک متضاد شخصیت کے حامل تھے۔ ان کے اندر تضاد بہت تھا

وہ شراب نہیں پیتے تھے مگر رقص شوق سے دیکھتے تھے

رشوت سے سخت پرہیز تھا مگر اپنے لیے بڑے لوگوں سے سفارش کرواتے تھے

اللہ پر کامل ایمان رکھتے تھے مگر تعویذ گنڈوں پر مکمل یقین رکھتے تھے

صوم وصلاۃ کے پابند تھے مگر نمازیں اور روزے کئی کئی دنوں تک ترک کردیتے تھے

بلا کے ذہین تھے   مگر توہمات کے شکار بھی تھے

شخصیت کے اسی تضاد کو عبدالسبحان نے یوں بیان کیا ہے:

'' In the light of auto bigraphy Nassakh appears as a man of colourful personality''

(۱۰)

شخصیت کے اس تضاد نے انہیں انتہا پسند بنا دیا۔ ہمارے لیے ضروری ہے کہ ان کی زندگی کے خاص طور پر ان کے بچپن اور لڑکپن کے واقعات معلوم ہوں تو ان کی شخصیت کا صحیح تجزیہ کیا جاسکتا ہے ورنہ خلا میں باتیں کرنے سے ہم کسی نتیجے پر نہیں پہنچ سکتے۔

شاعری کا تنقیدی مطالعہ

میرا خیال ہے کہ ہم ناسخ کی شاعری کا مطالعہ ان کے زمانے کے اس اقدارِ شعر وشاعری کے پس منظر میں کریں گے تو ہم شاعر کے ساتھ انصاف کرسکیں گے۔ ورنہ بے جا نکتہ چینی کے شکار ہوجائیں گے۔ ہمیں یہ نہیں بھولنا چاہئے کہ اگلے زمانے میں شاعری انفرادی عمل ہونے کے باوصف ایک اجتماعی عمل بھی تھا۔ وہ اس طرح کہ شاعر کے سامنے کچھ روایتی چیلنج ہوتے تھے، جنہیں وہ قبول کرتا تھا۔ جو شاعر ان چیلنجوں میں جیت جاتا وہ استاد شاعر کہلاتا تھا۔ مثلاً ایک چیلنج یہ تھا کہ فلاں استاد کے رنگ میں شعر کہہ کر دکھائیں یا کسی زمین میں زیادہ سے زیادہ شعر نکال کر دکھائیں وغیرہ۔ چنانچہ اس خصوصی میں زود گوئی اور بسیار گوئی دونوں راہ پاگئیں۔ ناسخ نے ان چیلنجوں کو قبول کیا اور شاعری کے اچھے برے نمونے پیش کیے۔ لطیف نے لکھا ہے:

''ناسخ بڑے زود گو اور پر گو واقع ہوئے تھے۔ اس کے علاوہ زیادہ سے زیادہ شعر کہنے کا چسکا''۔(۱۱)

ایک اور جگہ لکھا ہے:

''زیادہ سے زیادہ شعر کہنے کو بھی اپنا کمال تصور کرتے تھے۔ دوغزلہ، سہ غزلہ، چوغزلہ بلکہ پنج غزلہ اور شش غزلہ بھی کہتے تھے''۔

مزید لکھتے ہیں:

پھر یہ بھی التزام ہوتا تھا کہ کوئی قافیہ چھوٹنے نہ پائے۔ لیکن ایک قافیہ مکرر سہ مکرر بھی آتا تھا۔ اس سے بھی طبیعت سیر نہ ہوئی تو صرف قافیہ یا صرف ردیف بدل کر پھر اسی زمین میں غزل کہنے لگے''۔ خود فرماتے ہیں:

سو سو طرح سے باندھے ہیں مضمون زلف یار
ہاتھوں سے میرے قافیے ہیں ایک عذاب میں

سنگلاخ زمینوں کا شوق:

''بعض دفعہ ردیفیں اتنی سنگلاخ ہوتی تھیں کہ ایک شعر بھی کام کا ہوتا نہ تھا۔ مثلاً تنویر شعاع آفتاب، تو قیر شعاع آفتاب، تحریر کا پیچ، تقدیر کا پیچ، یارکج، مے خوار کج، ۔۔۔دلدار کی پازیب کی جھنکار، دلدار کی پازیب کی جھنکار،۔۔۔۔۔'' (ایضاً)

یہ بھی اس زمانے کی ایک روایت چیلنج کی صورت میں موجود تھی کہ شاعر کسی استاد کے رنگ میں شعر کہہ کر دکھائے۔ چنانچہ یہ ناسخ نے بھی یہی کیا۔ مومن کے رنگ تو کبھی داغ کے اور کبھی غالب کے رنگ میں غزلیں کہیں۔ داغ کے رنگ کے یہ دو شعر بطور نمونہ پیش ہیں:

چھٹے کب بوسۂ لب کا لپکا
تم کو دشنام کی عادت ہی سہی
ہوئے بزم اعدامیں وہ بے حجاب
کرشمہ ہے یہ بادۂ ناب کا

مضمون سے مضمون نکالنا اردو شاعری کی روایت رہی ہے اور ایک چیلنج بھی۔ ناسخ کی بیشتر غزلیات میں یہ روایت دیکھی جاسکتی ہے۔ اس خصوص میں کچھ عمدہ شعر مثلاً

بخدا بیٹھ رہو بزم میں ہرگز نہ اٹھو
ورنہ کہتے ہیں کہ ہنگامہ محشر ہوگا
سونے کے مول بکتی ہے زنجیر آہنی
آیا ہے اے پری جو یہ موسم بہار کا

میں ہوں چراغِ طور جلوے کا سوختہ
ہر ذرہ آفتاب ہے میرے غبار کا

کہیں کہیں اشعار میں ندرت بھی نظر آجاتی ہے:

جلوہ دکھا کے پردہ نشیں
نقشِ دیوار کردیا ہم کو

زلفِ پے چاں سے کبھی خم نہ جائیں گے۔ مگر اس کا وصف بیان کرنے والا قلم سیدھا ہوسکتا ہے:

ہے سرگرم وصفِ پیچاں
قلم آج سیدھا ہوا چاہتا ہے

ان اشعار میں اردو غزل کے کئی مضامین کی بازگشت سنائی دیتی ہے جو اس بات کا ثبوت ہے کہ شاعر نے اپنے زمانے کے رجحان کی کامیاب پیروی کی ہے۔

ناسخ کے ہم عصر شعراء اور ناقدوں نے ان کے کلام پر جو تنقید کی ہے وہ بھی اپنے زمانے کے اعتبار سے کی ہے۔ اس کا افسوس ناک پہلو یہ ہے کہ جو تنقید کی گئی ہے اس میں شاعر سے انتقام کا پہلو دکھائی دیتا ہے۔ مثلاً مولوی آغا علی کا لہجہ دیکھیے:

''دیکھیے بنگالی زبان کا اثر نہ گیا۔ واحد جمع اور جمع کو واحد بولنا اس زبان کا حصہ ہے۔ پہلے مصرعے میں ''دیکھیے'' فعل اور دوسرے میں ''شب ہائے ہجراں'' جمع۔ اس پر دعوائے زبان دانی لکھنؤ کے افصح لوگوں پر اعتراض۔ زہے خیرگی''۔ (لطیف، ص:۵۱)

اس کا جواب لطیف نے دیا ہے، مگر یہاں صرف یہ دکھانا مقصود ہے کہ ناسخ پر بعض اعتراضات نکتہ چینی اور تنقید برائے تنقید کے ذیل میں آتے ہیں۔ اسی طرح سید مرتضی گستاخ کی تنقید بھی تنقید برائے تنقید لگتی ہے۔ چنانچہ ضروری ہے کہ ہم ناسخ کے کلام کا مطالعہ ازسرِ نو کریں۔

ذیل میں ناسخ کی شاعری کی کچھ اہم خصوصیات کو اجاگر کرنے کی کوشش کی گئی ہے۔ ناسخ نے اردو غزل کی اہم روایات کو بڑی عمدگی سے نبھایا ہے۔ عظمتِ عشق پر یہ اشعار دیکھیے:

ظاہراً موت ہے قضا ہے عشق
پر حقیقت میں جاں فزا ہے عشق
تادمِ مرگ ساتھ دیتا ہے
ایک محبوبِ باوفا ہے عشق
دیکھ ناسخ گر نہ ہوتا کفر
کہتے بے شبہ ہم خدا ہے عشق

ناسخ کے وہ شعر جن میں ان کے دل کی تڑپ سما گئی ہے، بڑے پرتاثیر ہیں۔ یہ شعر ملاحظہ کیجیے:

پیری میں شوق حوصلہ سا نہیں رہا
وہ دل نہیں رہا وہ زمانہ نہیں رہا
نہ دیا دل اسے جو ظلم پہ مائل نہ ہوا
اس کو چاہا نہ کبھی مجھ سے جو غافل نہ ہوا
بزمِ جاناں میں رقیبوں کے اشارے دیکھے
اب تو ارمان ترا اے دلِ ناداں نکلا

غزل میں شوخی نہ ہو تو محبوب کو چھیڑنے کا مزا ہی نہ ہو: ناسخ

مستی میں رات وہ نہ کھلے مجھ سے ہم نشیں
کچھ اعتبارِ نشۂ صہبا نہیں رہا
لکنت کے ساتھ وصل سے انکار دیکھنا
وہ نشہ میں بھی کیسے ہیں ہشیار دیکھنا

ناسخ بڑی بے باک گفتگو کیا کرتے تھے۔ ان کی غزل میں بھی یہ رنگ دکھائی دیتا ہے: چند شعر دیکھیے:

کاٹ ڈالو اگر زباں پہ مرے
حرف آیا ہو آشنائی کا
کیوں بہر سیر آنے لگے گل رخاں دہر
پیری میں دل سزائے تماشا نہیں رہا
مسجد میں گر گزر نہ ہو اک سیر ہی سہی
بے کار بیٹھے کیوں رہیں اک سیر ہی سہی

شاعرانہ تعلّی اور غزل کی اہم روایت رہی ہے۔ ناسخ:

سچ سچ جو مجھ سے پوچھیے تو فن شعر میں

نساخ اپنے وقت کے تم بھی امام ہو
نساخ کی غزل پہ غزل کو ن کہہ سکے
کیوں کر جواب ہو سخنِ لاجواب کا
مرگئے غالب وآزردہ رہا ہے اک تو
ذات نساخ بہت اب ہے غنیمت تیری
میرے اشعار کو سن کر نساخ
آج غالب غزل سرا نہ ہوا

شعر کی برجستگی شعر کے حسن کو دوبالا کرتی ہے۔نساخ:

جلوۂ طور نے مارا
دلِ خاکی کو نور نے مارا
گردشِ روزگار کے غمزے
گردشِ روزگار کیا جانے

نساخ کی غزل میں جہاں روایتی مضامین کی بھرمار وہیں مضامین کے نئے پہلو یا نئے نکتے دیکھنے کو ملتے ہیں۔مثلاً: اردو غزل میں آسمان کو دشمن تصور کیا جاتا ہے۔نساخ نے ایک نیا پہلو نکالا ہے:

مرنے کے بعد بھی ہوں کیوں عذاب میں
کچھ قبر میں تو سر پہ مرے آسماں نہیں

ساکنانِ فلک بھی عشق میں گرفتار ہیں۔داغ ماہ کی توجیہ:

خالیں ہیں ساکنانِ فلک عشق سے اگر
پھر داغ کس لیے ہے دلِ ماہتاب میں

پائے خیال کو زنجیر نہیں پہنائی جاسکتی:

آزاد قیدِ دہر سے رہتے ہیں سربلند
زنجیر پڑتی ہے کہیں پائے خیال میں

نساخ نے اسی طرح روایتی تشبیہات میں نئی بات پیدا کرنے کی کوشش کی ہے۔چیدہ چیدہ چند شعر ملاحظہ کریں:

زخم بھرتا نہیں سینے کا مرے رونے سے
داغ لالے کا نہ ہو دور کبھی دھونے سے
وہ بہارِ حسن اگر نا مہرباں ہوجائے گا
حال اپنا صورتِ برگِ خزاں ہوجائے گا
میرے ہی واسطے رکھا ہے امانت کی طرح
آج تک چرخ سے جو فتنہ نازل نہ ہوا

ان اشعار میں تشبیہ کی تاثیر کے ساتھ ساتھ دردِ دل کی کسک بھی محسوس کی جاسکتی ہے۔نساخ کے نکھرے ہوئے اسلوب بیان کو اجاگر کرتے ہوئے ان اشعار کو ملاحظہ کیجیے:

جس نے تری بے باک ادا کو نہیں دیکھا
واللہ کہ آنکھوں سے قضا کو نہیں دیکھا
گھبرائی ہوئی پھرتی ہے کیوں میری طرح سے
تاثیر نے کیا روئے دعا کو نہیں دیکھا
ساتوں یہ دلفریب ہیں دل کس کو دیجیے
ابرو، مژہ، نگاہ، جبیں، زلف، خال، خط
ان کے دامن سے الجھتا ہوں جو میں
صورتِ خار چھڑاتے ہیں مجھے

نساخ کی غزل کی یہ چند خصوصیات انہیں اردو شاعری میں ایک منفرد مقام عطا کرتی ہیں۔ضرورت اس بات کی ہے کہ ان کے فنی شاعری کو ان کے زمانے کے حوالے سے سمجھا جائے اور بے جا تعصب سے بلند ہوکر سوچا جائے۔

حواشی وتعلیقات:

(۱) عبدالغفور نساخ ص:۷۔محمد عادل خاں۔ساہتیہ اکاڈمی دہلی۔
(۲) نساخ سے وحشت تک ص:۲۷۔سید لطیف الرحمٰن
(۳) خودنوشت سوانح عمری صفحات: ۲ تا ۵، ۸، ۲۶، ۲۷، ۳۰
(۴) عادل خان ص:۱۹
(۵) خودنوشت سوانح عمری بالترتیب: ۱۵، ایضاً، ۱۷، ۴۰، ۴۸، ۴۹، ۵۲، ۵۸، ایضاً ۹۳
(۶) نساخ سے وحشت تک ص:۳۰
(۷) ایضاً ص ۲۷
(۸) خودنوشت سوانح عمری ص ۱۱۳
(۹) عادل خاں ص ۱۱
(۱۰) بحوالہ محمد حامد علی خاں ص:۱۷
(۱۱) نساخ سے وحشت تک ص:۵۵

ڈاکٹر جمیلہ بی بی
گھورکپور اتر پردیش

اردو تنقید اور قمر رئیس

اردو تنقید شروع سے لے کر اب تک مختلف مراحل سے گذرتی رہی ہے۔ یہی وجہ ہے کہ آج یہ دوسرے اصناف سے زیادہ مقبول و عام بھی ہے۔ جہاں ایک طرف اس میں الگ الگ تحریکیں اور رجحانات قدم جمائے وہیں ان سے وابستہ ناقدین نے بھی اپنے نظریات و خیالات سے اردو تنقید کے خزانے میں اضافہ کیا۔ ان ناقدین میں قمر رئیس بھی ایک اہم نام ہے۔ ان کی تحریروں کو پڑھنے کے بعد ان کے تنقیدی نقطۂ نظر کی اہمیت کا اندازہ ہو جاتا ہے اور یہ بات بھی واضح ہو جاتی ہے کہ وہ تنقید میں کس نظریے کے حامی تھے۔ اس سلسلے میں انہیں ترقی پسند ناقدین کی صف میں اہم مقام حاصل ہے۔ اس میں شک نہیں کہ اردو ادب میں ترقی پسند تحریک فعال تحریک رہی ہے۔ اس نے اردو ادب کو وسعت دینے کے ساتھ اس میں حقیقت پسندی کا رنگ بھی بھرا۔ سجاد ظہیر اس تحریک کے علم بردار تسلیم کیے جاتے ہیں۔ ان کے بعد پروفیسر قمر رئیس اس کے روح رواں اور سپہ سالار کی حیثیت رکھتے ہیں۔ انہوں نے اس تحریک کی لو کو مدھم ہونے سے بچایا، اس کے بکھرتے ہوئے شیرازے کو یکجا کیا، پھر سے ایک نیا پلیٹ فارم مہیا کیا جس میں ایک نئی سوچ اور عصری حقائق کو ادب میں جگہ دینے کی اپیل کی گئی۔ قمر رئیس کی کاوشوں کا نتیجہ ہے کہ ترقی پسند تحریک نے جدیدیت کے شکنجے میں پھنسنے کے بجائے خود کے وقار کو ایک نئی بلندی اور نئی حقیقت نگاری سے ہم آہنگ کیا اور اپنے وجود کو مٹنے سے بچایا۔ کچھ لوگ انہیں اشتراکی ترقی پسندی کا مبلغ بھی کہنے لگے۔ اس بارے میں شارب ردولوی یوں رقم طراز ہیں:

''بعض لوگ انہیں ''اشتراکی ترقی پسندی کا اہم ناقد اور مبلغ'' مانتے ہیں۔ یہ بات پورے سچ پر مبنی نہیں۔ مارکسزم کے انسان دوستی کے پہلو پر سب کو یقین تھا۔ قمر رئیس نے بھی اشتراکیت یا اگر کوئی چیز ''اشتراکی ترقی پسندی'' تھی تو اس کی کسی طرح بھی تبلیغ نہیں کی۔ وہ پورے کمیونسٹ بھی کبھی نہیں رہے ....قمر رئیس کی کتابوں یا ان کے مختلف موضوعات پر لکھے ہوئے سینکڑوں مضامین میں کسی جگہ نہ تو اشتراکیت کی تبلیغ ہے اور نہ کسی طرح کی ادعائیت۔ یہ بات لوگ نظر انداز کر دیتے ہیں کہ ان کے اندر کہیں ایک نازک تخلیقی فنکار بھی چھپا ہوا تھا۔ اگر ادب کے زندگی سے تعلق اس کے بین السطور میں پوشیدہ سماجی۔ تہذیبی یا ثقافتی سیاق یا رشتوں کا ذکر یا مارکس کے حوالے سے ادبی مطالعہ میں کسی عہد کی حقیقتوں کی تلاش نہ اشتراکی تنقید نگاری ہے اور نہ تبلیغ۔''

(قمر رئیس آثار و احوال۔ ترتیب و تہذیب۔ پروفیسر محمد ظفر الدین ص۔۷۴۔۷۵)

یہ بات بھی قابل غور ہے کہ قمر رئیس اپنے آخری دنوں میں نئی حقیقت نگاری کی باتیں کرنے لگے تھے۔ نئی حقیقت نگاری سے ان کا مقصد یہ تھا کہ عصر حاضر میں پیش آرہے نئے مسائل و پیچیدگیوں کو بھی ادب میں لانے کی کوشش کی جائے۔ وہ انسانی مسائل کو اس کی بدلتی ہوئی زندگی اور حالات کی روشنی میں دیکھنے کے متلاشی نظر آنے لگے تھے۔ وہ عصری مسائل کو زندگی کی بدلتی ہوئی اقدار کی روشنی میں دیکھنے کے خواہش مند تھے۔ ان کی نظر میں کوئی بھی ادبی تخلیق اپنے عہد اور سماج کی عکاس ہوتی ہے۔

جہاں تک ترقی پسند ناقدین میں ان کے مقام کا سوال ہے اگر ترقی پسند ناقدین کی مختصر فہرست بھی بنائی جائے تو اس میں احتشام حسین، آل احمد سرور اور محمد حسن کے ساتھ ان کا

بھی نام سرفہرست ہوگا۔ ان کے ترقی پسند رویہ کی جانب اشارہ کرتے ہوئے عابد سہیل لکھتے ہیں:

''ان کی ترقی پسندی ایک آب جو نہیں بلکہ سمندر ہے جس میں چھوٹی بڑی ندیاں اپنی شناخت کھو کر ایک بڑی حقیقت کا حصہ بن جاتی ہیں۔ افسانوی ادب پر قمر رئیس کی تحریروں میں مجادلہ کے بجائے مفاہمت کی راہیں زیادہ واضح ہیں اور اس طرح وہ اردو میں فکشن کے واحد نقاد ہیں جو ترقی پسندی کے بنیادی تصورات سے انحراف نہ کرنے کے باوجود اردو افسانے کی اصل روایت کو ایک بڑے کل (whole) کی طرح دیکھتے ہیں، مختلف اجزاء کی طرح نہیں۔ صحیح ترقی پسند رویہ شاید یہی ہے۔''

(قمر رئیس اور افسانے کی پرکھ: چند اشارے، عابد سہیل، ایوان اردو۔ ستمبر، ۲۰۰۹، ص۔ ۵۶)

ترقی پسند تنقید کو لے کر ان کا سب سے روشن پہلو یہی تھا کہ وہ اپنے طالب علمی سے لے کر اپنی زندگی کے آخری لمحے تک اس سے وابستہ رہے۔ اس کے مختلف پہلوؤں پر غور و فکر کیا۔ اس کو مختلف زاویوں سے دیکھنے کی کوشش کی اور جہاں ضرورت محسوس ہوئی وقت اور حالات کے ساتھ اس میں بھی تبدیلی لانے کے خواہاں نظر آئے۔ اس تبدیلی کے لیے انہوں نے ترقی پسند تحریک کے پرانے نظریات سے اختلاف بھی کیا۔ اس تحریک کو نئی وسعت و معنویت دینے کے لیے اپنے ہم عصروں کو اکٹھا کیا اور سب کو نئی ترقی پسندی و حقیقت پسندی کی جانب راغب کیا۔

ترقی پسند تنقید کے علاوہ اگر ہم کسی اور نظریہ کی بات کریں تو اس میدان میں قمر رئیس مارکسی اور سماجی نظریہ کے حامی نظر آتے ہیں۔ ان کی تحریروں میں جا بجا اس کے اثرات دیکھے جا سکتے ہیں۔ وہ جب بھی کسی فن پارے کا جائزہ لیتے ہیں تو فن کار کے ماحول اور اس کے دور کے سماجی و سیاسی عوامل کا بھی مطالعہ ضرور کرتے ہیں۔ اس پس منظر میں اگر فکشن کی بات کریں تو پریم چند یا دیگر ادیبوں کی تحریروں کو اپنی تنقید کا موضوع بناتے وقت آپ ان کے فن و شخصیت کو ان کے ماحول کے لحاظ سے پرکھتے ہیں۔ اسی طرح آپ شاعری کا تجزیہ کرتے وقت بھی شاعر کی حالات زندگی اور اس کے وقت کی سرگرمیوں کو بھی موضوع بحث بناتے ہیں۔ غرض کہ قمر رئیس کسی بھی فن پارے کا تجزیہ کرتے وقت اس فن پارے کے وجود میں آنے کے اسباب و عوامل پر بھی غور و فکر کرتے ہیں۔ وہ خود اپنی اس خاصیت کا اظہار ان الفاظ میں کرتے ہیں:

''جن حضرات کی نظر سے میری بعض دوسری تحریریں گزری ہیں ان سے یہ حقیقت پوشیدہ نہیں ہوگی کہ میں تنقید میں ایک خاص دبستان سے تعلق رکھتا ہوں جسے عام طور پر ادب کی 'سماجیاتی تنقید' کا نام دیا گیا ہے اور جس کے مطابق شعر و ادب کو سماجی محرکات اور ماخذوں کے وسیع تر پس منظر میں دیکھا، سمجھا اور پرکھا جاتا ہے۔''

(تلاش توازن۔ ڈاکٹر قمر رئیس، ص۔ ۰۷)

جہاں تک مارکسزم کی بات ہے ان کی شخصیت اور اسلوب پر اس کے کافی اثرات مرتب ہوئے۔ ان کے زیادہ تر نظریات اسی دبستان سے وابستہ نظر آتے ہیں جس کے زیر اثر وہ مختلف تخلیقات کا جائزہ لیتے ہیں۔ ان کی تحریروں میں جا بجا اس کی نشاندہی ہوتی ہے۔ مارکسزم کے بارے میں وہ اپنے خیالات کا اظہار ان الفاظ میں کرتے ہیں:

''یہ کوئی ڈھکی چھپی بات نہیں کہ میں اپنے ادبی موقف اور تنقیدی تفہیم میں مارکسزم سے روشنی حاصل کرتا رہا ہوں۔ مارکسزم میرے نزدیک کوئی عقیدہ یا بے لچک میکانکی نظریہ نہیں بلکہ زندگی، تاریخ، معاشرہ اور انسانی کلچر کے مظاہر کی تفہیم و تعبیر کا ایک کشادہ سائنسی طریق کار (METHOD) ہے۔ جس سے کم و بیش گذشتہ سو سال کے عرصہ میں ادب کے محرکات، ماخذوں اور ادبی سرمایہ کی تفہیم و تجزیہ میں موثر اور کارگر طور پر کام لیا گیا ہے۔''

(تعبیر و تحلیل۔ پروفیسر قمر رئیس، ص۔ ۱۰)

فکشن کے نقاد کی حیثیت سے بھی ان کو اہم مقام حاصل ہے۔انہوں نے فکشن میں اس وقت قدم رکھا جب اس حوالے سے بہت کم تحریریں وجود میں آئی تھیں۔قمر رئیس نے اپنے نظریات وخیالات سے اس میدان کو وسعت دی اور ادب میں ایک نئی راہ متعین کی جو دوسروں کے لیے بھی کارگر ثابت ہوئی۔ان کی اس کوشش کے متعلق پروفیسر عتیق اللہ اپنے خیالات کا اظہار اس طرح کرتے ہیں:

''میں نے کسی جگہ لکھا تھا کہ قمر رئیس کی تنقید ہمارے عہد کی وسیع تر بصیرتوں کا ایک معتبر حوالہ ہے اردو میں فکشن کی تنقید کے اولین بنیاد گذاروں میں قمر رئیس کا نام ایک علیحدہ تخصیص رکھتا ہے جس نے ایک سطح پر یہ سکھایا ہے کہ فکشن کی تنقید اپنے عمل میں کس نوعیت کی ہوسکتی ہے اور ہونی چاہیے، دوسری سطح پر یہ کہ افسانوی ادب کی تعبیر وتحلیل ایک مشکل تر عمل ہے، اس کے لیے محض ہمارے روایتی نظام بدیعیات کے معائر نا کافی ہیں۔''

(قمر رئیس ایک زندگی۔مرتب: سلمیٰ شاہین، ص۔ ۲۷۲)

ایک نقاد کو شہرت اور عزت کا اہل تبھی قرار دیا جاتا ہے جب اس کی تحریروں میں فن کے علاوہ سماج ومعاشرے کو بھی اہمیت دی گئی ہو۔اس پہلو پر اگر ہم غور وفکر کریں تو قمر رئیس اس معنی میں اہم نقاد تسلیم کیے جاتے ہیں۔انہوں نے بنا کسی جانب داری کے تقریباً سبھی فنکاروں وادیبوں کو اپنے قلم کا موضوع بنایا۔جہاں انہوں نے پرانے لوگوں میں غالب واقبال پر اپنے خیالات کا اظہار کیا ہے وہیں نئے فن کاروں میں جوش، فیض احمد فیض، اختر الایمان اور عبدالصمد کو بھی اپنی تحریر میں شامل کیا ہے۔اس کے علاوہ بھی انہوں نے سرحد پار کے فنکاروں وادیبوں کو اہمیت دینے کے ساتھ ان کے فن کو اپنے تنقیدی نقطۂ نظر سے جانچا وپرکھا بھی ہے۔اس ضمن میں پاکستان میں مقیم احمد فراز، احمد ندیم قاسمی، لندن میں مقیم مصطفےٰ کریم اور ازبکستان کے اہم شاعروں کے بھی نام لیے جاسکتے ہیں۔احمد فراز کے بارے میں اظہار خیال کرتے ہوئے لکھتے ہیں:

''وہ اپنی ذات کو پر اسرار باطنی کوائف اور مجرد فکر میں نہیں بلکہ اپنے اردگرد کے مانوس ماحول اور اجتماعی مادی حالات میں ہی تلاش کرتا ہے۔خارجی زندگی کا ہر مظہر اور ہر منظر اس کا دامن دل کھینچتا ہے اور وہ ہر لحظہ اپنی ذات اور کائنات کے مابین نئے رشتوں کا ادراک حاصل کر کے اپنے ذہن اور تخئیل کو وسعت، نیرنگی اور شادابی بخشتا ہے۔کائنات کے دلفریب مظاہر اور ان مادی حقائق سے دلچسپی جن کا ازلی محور انسان کا وجود ہے، ندیم کی شخصیت اور تخلیقی محویت کا جوہر اور یہ جوہر اس کے ہر دور کے افسانوں میں مختلف رنگوں میں نمایاں ہوتا اور نکھرتا رہا ہے۔''

(اردو میں بیسویں صدی کا افسانوی ادب۔پروفیسر قمر رئیس ص۔۱۱۷)

اہم بات یہ بھی ہے کہ آپ ان لوگوں پر بحث کرتے وقت صرف تعریفوں کے پل نہیں باندھتے بلکہ ان کی خامیوں کی جانب بھی ہماری توجہ مرکوز کراتے ہیں۔اس سلسلے میں اگر پریم چند کے ناولوں کی بات کریں تو وہ یہاں بھی ان کی کمیوں کی جانب اشارہ کرتے ہیں۔اسی طرح جہاں عصمت چغتائی کے ناول ''ٹیڑھی لکیر'' کی تعریف کرتے ہیں وہیں ان کی دکھتی رگ پر بھی چوٹ کرتے ہیں۔مثلاً عصمت متوسط طبقے سے تعلق رکھنے کے باعث اس طبقے کی گھریلو فضا کو بہت ہی خوبی سے پیش کرنے میں کامیاب نظر آتی ہیں جس میں کہ وہ خود پلی بڑھی ہیں۔لیکن جب وہ اس سے ہٹ کر اونچے گھرانوں کو بحث کا موضوع بناتی ہیں تو اس میں فن کے معیار پر کھری نہیں اترتیں۔عصمت کے متعلق قمر رئیس کے یہ قول ملاحظہ فرمائیں:

''عصمت دراصل متوسط طبقے کے اسی ماحول اور گھریلو معاشرت کی عکاسی میں کامیاب ہوتی ہیں جسے انہوں نے بچپن سے جوانی تک اپنی آنکھوں سے دیکھا ہے۔اس سے باہر امرا اور اعلیٰ طبقے کی زندگی کو موضوع بنا کر ان کا قلم بے جان ہو جاتا ہے۔''معصومہ'' میں ان کا سماجی اور طبقاتی شعور زیادہ بیدار اور برہم سہی لیکن ''ٹیڑھی لکیر'' کے مقابلے میں ایک ادنیٰ درجے

کی تخلیق ہی قرار پائے گی۔''
(اردو میں بیسویں صدی کا افسانوی ادب۔ پروفیسر قمر رئیس، ص۔۲۵۳)

ان کی اس غیر جانب دارانہ خاصیت کی تعریف اردو کے اہم نقاد پروفیسر نورالحسن نقوی ان الفاظ میں کرتے ہیں:۔
''اردو تنقید کا موجودہ دور اس اعتبار سے نہایت اطمینان بخش ہے کہ اب ہماری تنقید نے عصبیت، ادعائیت اور جانب داری سے بڑی حد تک نجات پالی ہے۔ اس نے کھرے کھوٹے میں امتیاز کرنا، فن پارے کو بیک وقت مختلف زاویوں سے دیکھنا اور معروضی انداز میں پرکھنا سیکھ لیا ہے۔ یہ خوش گوار تبدیلیاں جن نقادوں کی کوشش و کاوش کی رہن منت ہیں ان میں ایک نمایاں نام پروفیسر قمر رئیس کا ہے۔''
(قمر رئیس: ایک زندگی۔ مرتب: ڈاکٹر سلمیٰ شاہین، ص۔۲۸۴)

قمر رئیس اپنی زندگی کے آخری دنوں میں نئی حقیقت پسندی کا نام لیتے تھے یعنی ان کے ذہن میں نئی ترقی پسندی تھی جس کے زیر اثر انہوں نے بعض لوگوں پر مضامین بھی لکھے مثلاً عمیق حنفی اور شاذ تمکنت پر لکھے گئے مضامین کے علاوہ افسا نہ نگاروں پر جو نظریہ پیش کیا ہے وہ ان کی نئی سوچ اور نظریات کا ضامن نظر آتا ہے۔ یہاں وہ کسی جامد تصور کے حامل نظر نہیں آتے بلکہ ان کے یہاں فن اور تکنیک کے اعتبار سے بھی کچھ تبدیلیاں نظر آتی ہیں۔ اس اعتبار سے وہ اپنی زندگی کے آخری دنوں میں ادب میں موجود اچھی چیزوں کو شامل کرنے پر زور دیتے تھے۔ اس لیے نئی ترقی پسندی کے حوالے سے بھی انہیں یاد کیا جاتا ہے۔ شاذ تمکنت پر اپنے خیالات کا اظہار اس طرح کرتے ہیں:۔
''اس دور میں جن نوجوان شعراء نے اپنے سنجیدہ تخلیقی انہاک اور منفرد آواز سے اپنی طرف متوجہ کیا، ان میں شاذ تمکنت کا نام نمایاں حیثیت رکھتا ہے .... شاعری ان کے یہاں داخلی تصویر کشی ہے۔ ان کی خلوت آرائی، اور خود کلامی دراصل باطنی حقیقتوں کے ادراک یا عرفان ذات کا ذریعہ ہے۔ اس لیے بعض ترقی پسند شعرا کی طرح گردوپیش کے ٹھوس اور سنگین حقائق ان کی شاعری کا محرک اور موضوع نہیں بنے۔ لیکن اس کا یہ مطلب نہیں کہ ان کی شاعری اجتماعی احساس سے عاری ہے۔''
(تلاش و توازن۔ ڈاکٹر قمر رئیس، ص۔۲۴۸۔۲۴۹)

ان نظریات کی روشنی میں قمر رئیس اردو تنقید میں کسی ایک رجحان کے مبلغ نظر نہیں آتے بلکہ وہ ہر اس نظریہ کا استقبال کرتے جن سے ادب کو فائدہ پہونچے اور عوام تک اس کی رسائی ہو سکے۔ وہ کسی بھی دبستان اور اس کی خوبیوں کو یکسر نظر انداز نہیں کرتے اور نہ ہی ادب میں کسی لیبل کے تحت کام کرنے کے متمنی نظر آتے ہیں۔ انہوں نے ہر اس تخلیق پر کھلے دل سے اظہار کیا جو کسی نئے رجحان کے زیر اثر وجود میں آئی۔ آپ نے تنقید کے میدان میں پریم چند سے لے کر فکشن، شاعری اور ترقی پسند تنقید ان سب کے حوالے سے کافی گراں قدر خدمات انجام دیں۔ اردو تنقید کے حوالے سے ان کی یہ کاوشیں ایک مشعل راہ کی حیثیت رکھتی ہیں۔ ان کی اسی محنت و لگن کا نتیجہ ہے کہ اردو تنقید میں انہیں اہم مرتبہ حاصل ہے۔

حکیم سید شاہ محمد خیر الدین قادری، صوفی (نبیرہ شاہ چراغ دکن)، حیدرآباد

حضرت محمد رفیع الدین قندھاریؒ

خالق کائنات ہر دور میں اپنے محبوب اور منتخب بندوں کی عالم انسانیت کی ہدایت و رہبری کے لیے پیدا فرماتا ہے۔ ایسے انسان اپنے حقیقی مقصد کو جب فراموش کر کے دنیا کے عیش و عشرت میں کھو کر اپنے مالک سے دور ہوتا ہے تو ایسی شخصیات نمودار ہوتی ہے اور بھٹکتی ہوئی انسانیت راہِ راست پر گامزن کرتی ہیں، وہی لوگ ان سے فیض حاصل کرتے ہیں جن کا دل ابھی تاریک میں پوری طرح غرق نہیں ہوا اور وہ لوگ تاریکی کی اتھاہ گہرائیوں میں غرق ہو جاتے ہیں وہ ان اللہ کے محبوب بندوں سے بغض و حسد رکھتے ہیں اور ان کی رہبری کو اپنی توہین سمجھ کر ان پر الزامات لگا کر ان کو رسوا کرنے کی ناکام کوشش کرتے ہیں، بالآخر وہی ذلیل وخوار ہو کر فانی دنیا سے رخصت ہو جاتے ہیں۔

اللہ کے محبوب بندوں کو دنیا داری سے کوئی سروکار نہیں ہوتا ہے وہ صرف اپنی ذمہ داری کو پوری کرنے میں لگے ہوتے ہیں، اس کے لیے خواہ ان کو کتنے ہی نامساعد حالات سے نبرد آزما ہونا پڑا اپنی ذمہ داریوں سے نہیں ہٹتے۔ انہیں اللہ کے برگزیدہ بندوں میں حضرت شاہ محمد رفیع الدین فاروقی قندھاریؒ کی عظیم المرتبت شخصیت ہے، آپ کا سلسلہ نسب چھتیسویں پشت سے حضرت عمر فاروقؓ سے ملتا ہے۔ آپ کا اسم گرامی غلام رفائی عرف محمد رفیع الدین ابن محمد شمس الدین ابن محمد تاج الدین ہے۔ ایک عرصہ تک آپ کے والد محترم کو اولاد نہیں ہوئی۔ حضرت سید حاجی سیاح سرور مخدوم قندھاریؒ آپ کے والد محترم کے خواب میں لڑکے کی بشارت ہوئی اور اس لڑکے کا نام اپنے نام پر رکھنے کی وصیت کی۔ بتاریخ ۱۹؍جمادی الثانی ۱۱۶۴ھ بروز جمعرات بعد نماز فجر آپ کی ولادت ہوئی۔ حضرت خواجہ رحمت اللہ آپ کے پیرومرشد ہیں، علوم ظاہری و باطنی میں کمال حاصل تھا۔ دو مرتبہ آپ بلاد حیدرآباد افروز ہوئے ہیں، پہلی دفعہ مکہ مسجد میں قیام فرمایا، آپ کی کافی شہرت ہوئی لاکھوں لوگ آپ سے بیعت ہوئے۔ جب یہ خبر مواد المہام اعظم الامراء ارسطو جاہ کو پہنچی تو اس بادشاہ وقت نواب سکندر جاہ سے آپ کو قندھار تشریف لے جانے کا مشورہ دیا، جس کی بناء پر آپ قندھار تشریف لے گئے دوسری مرتبہ امیر کبیر فخر الدین شمس الامراء بہادر کی درخواست پر حیدرآباد تشریف لائے اور شمس آباد میں قیام فرمایا، جہاں عوام کے علاوہ تمام خاندان پائیگاہ آپ کے دست حق پرست پر بیعت سے مشرف ہوئے۔

نواب شمس الامراء بہادر پر ان کی خاص نظر تھی نواب موصوف صوم وصلوٰۃ کے پابند اور تہجد گزار تھے وظائف کا ورد کرتے تھے۔ آپ نے شمس الامراء بہادر کو خلافت سے سرفراز کر کے ایک تسبیح عطا کی نواب موصوف اس تسبیح کو کبھی خود سے جدا نہیں کیا، پھر آپ قندھار تشریف لے گئے ۷۷؍سال عمر شریف میں ۱۶؍رجب ۱۲۴۱ھ حضرت سرور مخدوم کے صدم مبارک کے روز اپنے مالک حقیقی سے جا ملے۔ یہاں اس بات کا تذکرہ ضروری ہے کہ شاہ رفیع الدین فاروقی کا فیضان آج بھی شہر حیدرآباد سے اقطاع عالم میں جاری وساری ہے، بانی جامعہ نظامیہ امام الآئمہ حضرت مولانا شاہ انوار اللہ فاروقیؒ حضرت شاہ رفیع الدینؒ کے نواسے ہیں اور شہر حیدرآباد میں شمع اسلام کو روشن کرنے والے حضرت مولانا حافظ قاری میر شجاع الدین حسین قادری، جن کا گنبد مبارک عبدی بازار میں ہے، حضرت شاہ رفیع الدین قندھاریؒ خلیفہ خاص میں جن کے اسم گرامی سے جامع سامعیہ چار مینار موجود ہے۔

اللہ والے جب بے لوث اللہ کے بندوں کی خدمت کرتے ہیں تو ان کے پردہ کرنے کے بعد بھی ان کا فیضان جاری وساری رہتا ہے۔ آج جامعہ نظامیہ و بانی جامعہ کا فیضان پھیلا رہے ہیں، کتنے ہی اولیاء کرام کو یہاں سے روحانی فیض بھی حاصل ہوا۔

ہر بندے مومن کو اپنے فرائض منصبی سے غافل نہیں ہونا چاہئے اور اللہ کے محبوب بندوں سے فیض حاصل کرنے میں کوتاہی نہیں کرنا چاہئے۔ آج بعض گوشوں سے یہ آوازیں آتی ہیں ایسے لوگ اب کہاں ہیں، ہر دور میں اللہ کے محبوب بندے ہوتے ہیں، اب یہ طالب پر منحصر ہے کہ ان تک پہنچے۔

حکیم سید شاہ محمد خیر الدین قادری، صوفی (نبیرہ شاہ چراغ دکن)، حیدرآباد

حضرت سید شاہ شجاع الدین علی حسنی حسینی قادری صوفیؒ

حضرت محترم حیدرآباد دکن کے سادات حسنی حسینی نجیب الطرفین بزرگ تھے، آپ کا اسم گرامی سید شجاع الدین علی صوفی کنیت ابوالحسنات، عرف مدنی بادشاہ اور تخلص بعض مرتبہ صوفی استعمال فرماتے تھے، حضرت محترم کے والد بزرگوار حضرت ابوالعابد اعظم علی صوفی اعظم حسینی قادری مجمع السلاسل المعروف بہ صوفی اعظم قطب دکن تھے اور آپ کے جدامجد ابوالاعظم سید سجاد علی صاحب صوفی معز درویش حسنی نہیں قادری مجمع السلاسل جونواب خورشید جاہ بہادر اور دیگر امرائے پائے گاہ کے اتالیق اور مرشد تھے۔ جن کا تذکرہ تاریخ خورشید جاہی میں موجود ہے۔ حضرت کی والدہ محترمہ حضرت کلثوم بیگم صاحب قطب الہند حضرت حافظ میر شجاع الدین حسین صاحب قبلہ (جن کا گنبد عیدی بازار میں ہے) کی نبیری زادی تھیں اور اس مناسبت سے آپ کا نام ''شجاع الدین'' رکھا گیا۔ حضرت صوفی اعظمؒ معہ اہل وعیال حج بیت اللہ اور زیارت مدینہ منورہ کے لیے تشریف لے گئے اور وہیں قیام فرمایا۔ مدینہ منورہ کے قیام کے دوران حضرت پیر عالم وجود میں آئے اور اسی سبب سے آپ کی عرفیت ''مدنی بادشاہ'' رکھی گئی اور اسی سے آپ زیادہ مشہور معروف ہیں حضرت کی ابتدائی تعلیم جامعہ نظامیہ میں ہوئی۔ عصری علوم میں میٹرک کا امتحان کامیاب کیا اور پنجاب یونیورسٹی سے منشی فاضل کے امتحان میں امتیازی کامیابی حاصل کی۔ حضرت کو عربی، فارسی، اردو اور انگریزی زبانوں پر عبور حاصل تھا۔ قرآن، حدیث، فقہ، تصوف اور دیگر علوم میں اپنے والد بزرگوار حضرت صوفی اعظمؒ سے استفادہ کیا اور حضرت کے وصال کے بعد اپنے برادر معظم حضرت ابوالفیض سید سجاد علی صوفی صائیؔ واعظ سرکارِ عالی کے زیر تربیت رہے۔ ابتداہی سے رشد وہدایت وعظ ونصیحت کا سلسلہ وراثتاً ملا تھا اور آخری وقت تک جاری رہا۔

بحیثیت جانشین حضرت صوفی اعظمؒ اپنے خلوت کدہ موسومہ ''تصوف کدہ'' کبوتر خانہ قدیم حسینی علم میں ۶۰ رسال سے زیادہ عرصہ تک مسند رشد وہدایت پر متمکن رہ کر مریدین ومعتقدین اور عامۃ المسلمین کی دینی، روحانی تربیت فرماتے رہے، روزانہ کثیر تعداد میں لوگ آپ سے ملاقات کے لیے اور آپ کی دعاؤں سے روحانی فیض وسکون حاصل کرتے تھے۔ نماز پنجگانہ کے علاوہ نماز تہجد، تلاوت قرآن اور ذکر واذکار میں پابندی سے مشغول رہتے تھے۔ وعظ ونصیحت کا سلسلہ ۶۰ رسال سے زیادہ عرصہ تک جاری رہا۔ ''تصوف کدہ'' کبوتر خانہ میں مجالس وعظ کے علاوہ شہر حیدرآباد اور اضلاع تلنگانہ، آندھرا، کرناٹک، مہاراشٹرا، پونہ وبمبئی وغیرہ میں مسلسل آپ کے دورے ہوتے اور وعظ کی محفلیں منعقد ہوتی تھیں، اپنے وعظ وطریقت اور تصوف کے مسائل بڑے دلنشین انداز میں بیان فرماتے۔ اکثر مثنوی مولانا رومؒ کے اشعار اپنے مخصوص انداز وترنم میں برجستہ استعمال فرماتے۔ جس سے سامعین پر وجد کی کیفیت طاری ہوجاتی۔ وعظ کے بعد بیعت کا سلسلہ جاری ہوتا اور کثیر تعداد میں لوگ آپ کے ہاتھ پر بیعت کرتے تھے۔ آپ کے مریدین ومعتقدین کی تعداد ہزاروں میں شہر حیدرآباد واضلاع تلنگانہ، مہاراشٹرا، احمد پور، مومن آباد، پارسی، اواٹھی پونہ، بمبئی وغیرہ کے علاوہ بیرونی ممالک میں موجود ہے۔ حضرت تبلیغ اسلام اور اشاعت دین کے لیے بڑی بڑی تکالیف برداشت کیں۔ آپ ظہیرآباد، رنجھول، کوہیر، مومن آباد، احمد پور کیج وغیرہ کے دور دراز دیہاتوں میں تشریف لے جاتے۔ کئی مرتبہ آپ کو بس میں، گھوڑے پر، بنڈی میں اور پیدل سفر کرنا پڑتا۔ ان تمام صعوبتوں کو برداشت کرتے ہوئے خالصتاً للہ تبلیغ واشاعت دین کا کام انجام دیا۔ کئی دیہاتوں اور مواضعات میں مساجد اور مدارس قائم فرمائے، جو آج بھی موجود اور آباد ہیں۔

عزت نفس، خودداری، صبر واستقامت، صداقت ودیانت، طہارت وپاکیزگی آپ کی زندگی کے نمایاں اوصاف ہیں، طہارت اور پاکیزگی کو بہت زیادہ پسند فرماتے تھے۔ اپنے مریدین ومعتقدین کی ہمیشہ کتاب وسنت کی سختی سے پابندی کی تاکید فرماتے۔ آپ اکثر ادب کی تعلیم دیا کرتے اور فرماتے کہ ہر چیز کو اس کے مقام پر رکھو اور جو چیز جس مقام کی نہیں ہے اس کو اس مقام پر رکھنا ظلم ہے۔

گر حفظِ مراتب نہ کنی زِندیقی

ڈاکٹرنوری خاتون۔اسسٹنٹ پروفیسر (سی) عثمانیہ یونیورسٹی کالج فاروومینس کوٹھی

ڈاکٹر راحت سلطانہ کی ادبی خدمات

سرزمین دکن کو یہ اعزاز حاصل ہے کہ یہاں پر اردو نے ادبی شکل اختیار کی۔ ابتداء میں صوفیائے کرام نے اس کی آبیاری کی، پھر دکنی سلاطین نے اسے خوب پھلنے وپھولنے کے مواقع فراہم کیے۔ دکنی سلاطین کی خصوصی دلچسپی کی بدولت یہ زبان ترقی کے مدارج طے کرنے لگی۔

دکن یعنی جنوبی ہند میں جہاں مرد شعراء نے اردو زبان میں اپنی صلاحیتوں کے جوہر دکھائے ہیں وہیں خواتین شاعرات نے بھی اپنے جذبات واحساسات وخیالات کو جو صدیوں سے دلوں میں ہی دفن تھے۔انہیں شاعری کے ذریعہ منظر عام پر لایا اس ضمن میں پہلا نام لطف النساء امتیاز کا ہے انہیں اردو کی پہلی صاحب دیوان شاعرہ ہونے کا اعزاز بھی حاصل ہے، اس کے بعد ماہ لقا چندا بائی، لطیف النساء لطیف، نوشابہ خاتون، وحیدہ نسیم، بشیر النساء بشیر کے نام قابلِ ذکر ہیں۔

موجودہ دور میں بھی سرزمین دکن نے اردو زبان وادب کو بیسوں خواتین شاعرات وادیبوں سے نوازا۔ ان میں پروفیسر سیدہ جعفر، پروفیسر اشرف رفیع، پروفیسر حبیب ضیاء، پروفیسر فاطمہ پروین، محترمہ جیلانی بانو، ڈاکٹر فریدہ زین، ڈاکٹر صابرہ سعید، ڈاکٹر آمنہ تحسین، ڈاکٹر صبیحہ نسرین، محترمہ نسیمہ تراب الحسن، ڈاکٹر راحت سلطانہ وغیرہ وغیرہ بطور خاص اہمیت کے حامل ہیں۔

عصر حاضر میں جن خواتین قلم کاروں نے اپنی تحریری صلاحیتوں سے جہاں ادب کو اپنی جانب متوجہ کیا ان میں ڈاکٹر راحت سلطانہ کا نام بھی بطور خاص اہمیت کا حامل ہے۔ ڈاکٹر راحت سلطانہ کو معروف ومعتبر ماہر دکنیات پروفیسر محمد علی اثر کی شریک حیات ہونے کا فخر بھی حاصل ہے۔ علاوہ ازیں انہوں نے اپنی تحقیقی تنقیدی وشعری تصانیف کی بدولت اردو دنیا میں اپنا ایک مقام ومرتبہ بنایا ہے۔

ڈاکٹر راحت سلطانہ ۷ رستمبر ۱۹۴۸ء کو حیدرآباد میں پیدا ہوئی۔ ان کے والد کا نام محمد عبدالعلی فاروقی تھا۔ انہوں ۱۹۷۴ء میں عثمانیہ یونیورسٹی سے ایم اے کیا۔ ۱۹۷۶ء میں انہیں سپرنٹنڈنٹ محکمۂ نظامت فنی تعلیم حکومت آندھراپردیش میں ملازمت مل گئی اوراسی سال یعنی ۱۹۷۶ء میں ہی محمد علی اثر صاحب سے رشتہ ازدواج میں بندھیں۔

ڈاکٹر راحت سلطانہ ان خوش نصیب شاگردوں میں ہیں جنہیں اپنے اساتذہ کی محبت وشفقت نصیب ہوئی ان کے اساتذہ میں پروفیسر سیدہ جعفر، پروفیسر ثمینہ شوکت، پروفیسر مغنی تبسم، پروفیسر اشرف رفیع، پروفیسر غلام عمر خان شامل ہیں۔ ڈاکٹر راحت سلطانہ نے اپنے اساتذہ کرام کا اثر قبول کیا اور ایم اے کی تعلیم کے دوران ہی تصنیف وتالیف کا کام شروع کردیا۔ ان کے مضامین کو عزت وپذیرائی حاصل ہوئی اور حیدرآباد کے مشہور ومعروف اخبارات اور رسائل نے انہیں اپنے دامن میں جگہ دی موصوفہ نے اپنے ادبی سفر کا آغاز نثر نگاری سے کیا۔

دوران طالب علمی میں ہی ان میں پی ایچ ڈی کرنے کا شوق پیدا ہوا۔ مگر شادی، ملازمت اور اولاد کی ذمہ داریوں میں گھر کر وہ اپنے اس خواب کو کئی وقت تک شرمندہ تعبیر نہ کرسکیں، مگر جیسے جیسے بچے بڑے ہونے لگے ان کا یہ شوق عود کر آیا اور انہوں نے بی آر امبیڈکر یونیورسٹی میں پروفیسر ناز قادری کی زیرنگرانی ”علیم صبا نویدی کی نعتیہ شاعری“ کے عنوان سے ۱۹۹۶ء میں پی ایچ ڈی میں داخلہ لیا۔ ان تھک محنت وجستجو سے صرف چار سال کی مختصر مدت میں یعنی ۲۰۰۰ء میں اپنا مقالہ یونیورسٹی میں داخل کیا اور ۲۰۰۱ء میں انہیں پی ایچ ڈی کی ڈگری سے نوازا گیا۔

ڈاکٹر راحت سلطانہ کی تصنیف و مرتب کردہ تصانیف کی کل تعداد ۱۱ ہے۔ ان کی تصانیف کو تین حصوں میں تقسیم کیا جاسکتا ہے۔ پہلے حصے میں ان کی مرتبہ تصانیف، دوسرے حصے میں تحقیقی وتنقیدی مضامین پر مشتمل تصانیف اور تیسرے حصے میں ان کا موزوں کردہ کلام یعنی شعری مجموعہ شامل ہے۔

پہلے حصے کی تصانیف میں متاع شعر و ادب ،گلدستہ تہنیت، خوشبو کی بارات، خوشبو کی سوغات، ڈاکٹر محمد علی اثر کی حمدیہ ونعتیہ شاعری، ثنائے حامد ومحمود شامل ہیں۔ ڈاکٹر راحت سلطانہ نے ''متاع شعر وادب'' میں جاویدہ حبیب کی معاونت سے علیم صبانوی کے لکھے ہوئے تبصروں کو یکجا کر کے شائع کروایا، اس کتاب میں ۱۰۶ مصنفین ،شعرا اور تنقید نگاروں کے فن اور شخصیت پر تبصرے شامل ہیں۔

تصانیف گلدستہ تہنیت، خوشبو کی بارات، خوشبوں کی سوغات، میں تہنیتی نظمیں شامل ہیں جو ان کی صاحبزادیوں بالترتیب کہکشاں ناز، ثریا نشاط اور ڈاکٹر شائستہ ناہید کے محافل عقد کے مبارک ومسنون مواقع پر چاہنے والے اور بہی خواہوں کی طرف سے پیش کی گئیں، تہنیتی نظمیں ہیں جس میں حیدرآباد کے مشہور معروف شعراء کی نیک خواہشات اور دعائیں شامل ہیں اور یہ تصانیف علی الترتیب ۲۰۰۱ء، ۲۰۰۳ء، ۲۰۰۷ء میں شائع ہوئیں۔

اس کے علاوہ ڈاکٹر راحت سلطانہ اپنے شریک حیات پروفیسر محمود علی اثر کے حمدیہ ونعتیہ کلام کو بعنوان ''ڈاکٹر محمد علی اثر کی حمدیہ ونعتیہ شاعری'' کو ۲۰۰۹ء اور ''ثنائے حامد ومحمودؐ'' کو ۲۰۱۲ء میں ترتیب دے کر شائع کروایا۔ اول الذکر میں ہندستان بھر کے ذی علم اور باشعور شعراء اور نقادوں کے مضامین بھی شامل ہیں جو محمد علی اثر کے حمدیہ ونعتیہ کلام پر لکھے گئے ہیں اور آخر الذکر ۱۶۶ اشعار پر مشتمل ایک طویل حمد اور ۱۹۲ اشعار پر مشتمل طویل نعت شریف کا مجموعہ ہے۔ اس طرح ڈاکٹر راحت سلطانہ کی مرتب کردہ تصانیف کی تعداد ۶ ہوجاتی ہے۔

دوسرا حصہ ڈاکٹر راحت سلطانہ کے تحقیقی وتنقیدی مضامین پر مشتمل تصانیف پر محیط ہے۔ جن میں آئینہ نقد ونظر، ادب اور خواتین، علیم صبانوی کی نعتیہ شاعری، رپورتاژ، کارواں چلتا رہے، شامل ہیں۔ تصنیف آئینہ نقد ونظر'' ۲۰۰۳ء میں شائع ہوئی جو ۱۳ مضامین پر مشتمل ہے، اس تصنیف کو دو حصوں میں تقسیم کیا جاسکتا ہے۔ پہلے حصے میں نعت کی تعریف، دکن میں نعتیہ شاعری کی روایت، محسن کاکوروی، امیر مینائی اور علامہ اقبال کے نعتیہ کلام پر مشتمل مضامین شامل ہیں۔ جس سے صنف نعت گوئی سے موصوفہ کی دلچسپی اور انسیت کا پتہ چلتا ہے۔

دوسرے حصے میں متنوع قسم کے مضامین شامل ہیں جو قطب شاہی دور کی مثنویاں، نظیر اکبرآبادی قومی یکجہتی کا علمبردار، حالی کے فکر وفن پر معاصرین کے اثرات، ہائیکو اور علیم صبانوی، پریم چند کے چند نسوانی کردار پر مشتمل ہے۔ اس کے علاوہ دکنی خواتین کے ادبی کارناموں کا جائزہ بھی لیا گیا ہے۔ ان میں اردو کی پہلی صاحب دیوان شاعرہ لطف النساء امتیاز، ماہ لقا بائی چندا، بشیر النساء بشیر پر تحقیقی ومعلوماتی مضامین درج ہیں۔ جن کے پڑھنے سے موصوفہ کے مطالعے کی وسعت اور ادبی تحقیق سے دلچسپی کا ثبوت ملتا ہے، ان کے مضامین کی زبان سیدھی سادی عام فہم ہونے کے ساتھ ساتھ شگفتگی اور تازگی لیے ہوئے ہیں، جس کے مطالعے سے قاری پر اکتاہٹ طاری نہیں ہتی بلکہ مزید مطالعہ کا شوق پیدا ہوتا ہے۔

تصنیف ''آئینہ نقد ونظر'' کے متعلق پروفیسر حبیب ضیاء صاحبہ لکھتی ہیں:

''آئینہ نقد ونظر کے مقالات ومضامین وتحقیق کا خوب صورت امتزاج پیش کرتے ہیں ان میں تحقیقی جرح وتعدیل اور تلاش وبازیافت بھی نظر آتی ہے اور تنقیدی بصیرت بھی جھلکتی ہے''۔(۱)

تصنیف ''ادب اور خواتین'' ۲۰۱۲ء میں شائع ہوئی جو ڈاکٹر راحت سلطانہ کے تحقیقی وتنقیدی شعور کی وضاحت کرتے ہوئے ۲۰ تحقیقی مضامین پر مشتمل ہیں اس میں ۱۱ مضامین خواتین سے متعلق ہیں۔ چونکہ مضامین کا اغلب حصہ دکنی خواتین کی ادبی خدمات پر محیط ہے اس لیے اس کا عنوان ادب اور خواتین رکھا گیا ہے، جس میں دکنی کی خاتون محققین، بیسویں صدی کے آغاز میں خواتین کی

صحافت، حالی اور مسائل نسواں، لطف النساء امتیاز، اردو کی اولین صاحب دیوان، صغریٰ ہمانوں مرزا کی سماجی وصحافتی خدمات، پریم چند کے نسوانی کردار، خدیجہ مستور اردو کی عظیم فکشن نگار، حیدرآباد کا نسوانی کلچر، سروجنی نائیڈو ایک عہد ساز خاتون، ماہ لقابائی چندا، اردو کی پہلی نسائی آواز وغیرہ شامل ہیں، اس کتاب میں شامل مضامین ہندوپاک کے مختلف رسائل میں شائع ہوچکے ہیں اور بعض سیمیناروں میں بھی پڑھے جاچکے ہیں۔

اس کتاب میں ڈاکٹر راحت سلطانہ نے ''تحقیق وتنقید کی روایت'' کے نام سے بہترین مضمون قلم بند کیا ہے جس میں تحقیق وتنقید کے معنی ومفہوم کے علاوہ اس کے ابتدائی نمونے اور تقریباً تمام محققین اور تنقید نگاروں کا سرسری جائزہ لیا ہے۔ ''حالی اور مسائل نسواں'' کو پیش کر کے موصوفہ نے حالی کے خیالات سے اپنی دلی وابستگی کا اظہار کیا ہے اس کتاب کا ایک اہم مضمون ''حیدرآباد دکن کے چند ادبی انجمنیں اور تحقیقی ادارے'' ہیں یہ مضمون چار سو صدیوں پر محیط ہے موصوفہ نے قطب شاہی دور کی اردو سرپرستی کا ذکر کرتے ہوئے آصف جاہی سلطنت میں قائم کردہ مختلف انجمنوں اور اداروں کا بھی ذکر کیا ہے۔

اس تصنیف میں چند مضامین مرد شعراء اور ادباء سے متعلق ہیں اور چند ان کی پہلی تصنیف ''آئینہ نقد ونظر'' سے مستعار ہیں۔ مجموعی طور پر یہ کتاب ''ادب اور خواتین'' ڈاکٹر راحت سلطانہ کی ان تھک محنت اور جستجو کا نتیجہ ہے جو ان کے مطالعے کی وسعت اور تحقیقی وتنقیدی شعور کی ترجمان ہے۔ بقول نسیم الدین فریس:

''ان مضامین میں موصوفہ کی تحقیقی ژرف بینی اور تنقیدی بصیرت ہویدا ہے۔ مواد کی جمع آوری اور ترتیب میں مصنفہ نے خاص سلیقے اور ہنرمندی کا مظاہرہ کیا ہے، جس سے ان کی تصنیفی صلاحیتوں کا اظہار ہوتا ہے، اس کتاب میں شائع تمام مضامین نہایت وقیع اور معلوماتی ہیں اور ایک خاص ادبی، تحقیقی وتنقیدی قدر و قیمت کے حامل ہیں''۔ (۲)

ڈاکٹر راحت سلطانہ کا اہم کارنامہ ''علیم صبانویدی کی نعتیہ شاعری'' ہے یہ موصوفہ کی پی ایچ ڈی کا موضوع ہے جسے انہوں نے ۲۰۰۸ء میں زیور طباعت سے آراستہ کیا، نعت گوئی سے رغبت رکھنے والے طلباء واساتذہ کے لیے یہ نہایت اہم کتاب ہے، کیونکہ اس میں نعت کے معنی ومفہوم کے علاوہ آغاز وارتقاء اہمیت وافادیت پر بھی روشنی ڈالی گئی ہے اور مشہور ومعروف نعت گوشعراء کا سرسری جائزہ بھی پیش کیا گیا ہے، جو موصوفہ کی کثرت مطالعہ وکتب بینی کا شاہد ہے۔ علیم صبانویدی کے تین نعتیہ مجموعوں کا تحقیقی وتنقیدی جائزہ بھی شامل ہے۔

علیم صبانویدی نے نعت گوئی کے لیے کسی ایک صنف کو نہیں برتا بلکہ شاعری کی قدیم وجدید اصناف سے استفادہ کرتے ہوئے دربار رسالت میں اپنی عقیدت کے گل پیش کیے ہیں، غزل، نظم، سلام، سانیٹ، ہائیکو وغیرہ۔ ڈاکٹر راحت سلطانہ نے مندرجہ بالا شعری اصناف کی تعریف اور آغاز وارتقاء پر بھی مفصل روشنی ڈالی ہے۔ ان کا انداز تحریر پیچیدہ اور گنجلک نہیں ہے بلکہ سلیس اور عام فہم ہے۔

''کارواں چلتا رہے'' کے عنوان سے ڈاکٹر راحت سلطانہ نے ایک رپورتاژ بھی تحریر کیا۔ موصوفہ میں اردو اصناف کو بہتر انداز میں قلم بند کرنے کی صلاحیت موجود ہے، وہ جس صنف پر بھی قلم اٹھاتی ہیں اس کے اصول وضوابط کو ملحوظ رکھتے ہوئے موضوع کو ضبط تحریر لاتی ہیں ۱۹۹۳ء میں ''جشن صبا'' کے نام سے مدراس میں یک روزہ سیمینار منعقد ہوا تھا۔ جس کا پورا نام ''جشن علیم صبانویدی'' تھا ڈاکٹر راحت نے اس سیمینار کا رپورتاژ تمام تر جزئیات نگاری کے ساتھ قلم بند کیا اس منعقدشدہ تقریب یا سیمینار میں علیم صبانویدی پر لکھی گئی پانچ کتابوں کی رسم اجرائی بھی عمل میں آئی جو اجلی مسکراہٹ مرتبہ عابد صفی، نقش قلم مرتبہ پرویز سلیمان اطہر جاوید، خوشبو کے داغ مرتبہ سجاد حسین، جنوب کا شعر وادب اور خامہ در خامہ مرتبہ محمد علی اثر کے نام سے شائع ہوئیں۔

اس رپورتاژ میں ڈاکٹر راحت نے رپورتاژ نگاری کی تعریف، آغاز وارتقاء پر جامع مگر مختصر مواد اکٹھا کردیا ہے۔ یہ رپورتاژ موصوفہ کے ذاتی تاثرات، مشاہدات، جذبات، حسن ترتیب، اسلوب

کی شگفتگی پر مشتمل ہے یہ کتاب ۲۰۱۰ء میں شائع ہوئی۔

تیسرا حصہ ڈاکٹر راحت سلطانہ کی شاعری پر مبنی ہے اس میں انہوں نے ''چراغ آرزو'' نام سے ایک شعری مجموعہ بھی موزوں کیا ہے اس کی اشاعت کے ساتھ ہی ان کا شمار اردو ادب کی ان خواتین میں ہونے لگا جنہوں نے نظم ونثر دونوں میں اپنی صلاحیتوں کے جوہر دکھائے۔ یہ کتاب ۲۰۱۱ء میں شائع ہوئی، جس میں حمد، نعت، غزل، نظم، ماہیے، ثلاثیات، قطعات، نثری نظم اور ایک مصرعی نظم بھی شامل ہے، جو قدیم وجدید اصناف سخن کا بہترین امتزاج ہے۔ اس مجموعہ کلام کا اغلب حصہ غزلیات پر مشتمل ہے، جس میں عشق وعاشقی کے جذبات، احساسات، خواہشات کے علاوہ امید وناامیدی، غم جاناں اور غم دوراں کی بہترین عکاسی ہے، ان کا کلام ان کی پوری زندگی کا ترجمان ہے، ہر خوشی وناخوشی کا اس میں اظہار موجود ہے۔

اس مجموعہ کلام کے مطالعے سے ڈاکٹر راحت ایک وفاشعار بیوی، مشفق ومحبت کرنے والی ماں، معاشرے کی ترجمان شاعرہ کی حیثیت سے منظر عام پر آتی ہیں۔ نثر کی طرح شاعری میں بھی ان کا انداز سیدھا سادہ اور عام فہم ہے، پیچیدہ اور ثقیل الفاظ کے استعمال سے گریز کرتی ہیں۔ ان کے اشعار میں سادگی کے ساتھ ساتھ روانی اور دلکشی بھی پائی جاتی ہے، جو ان کی شخصیت کی عکاس ہے۔ نمونہ کلام ۔

کی ہے ایسی بھی کیا خطا جاناں
دل کو تڑپا کے رکھ دیا جاناں
میری جانب نظر نہ کی تم نے
سب کو دکھلایا راستہ جاناں
میری وفائیں بھول گئے ہیں
میری خطائیں چننے والے
حکم جو بھی کرو ہم بجا لائیں گے
ہم تو بھیجے گئے ہیں تمہارے لیے

ڈاکٹر راحت سلطانہ کے یہاں بھی غزل کے موضوعات میں تنوع پایا جاتا ہے۔ مختصر الفاظ میں جامع مضمون کو قلم بند کرنا ان کی خاصیت ہے ان کے اشعار آورنہیں ہے بلکہ مسلسل مشق اور ان تھک محنت کا پیش خیمہ ہے ان کے کلام کے مطالعے سے یہ واضح ہوتا ہے کہ کوئی بھی کام مشکل وناممکن نہیں ہے بلکہ مقصد کا تعین اور مستقل مزاجی انسان کو کامیاب وکامران بناتی ہے۔

ڈاکٹر راحت سلطانہ کی شخصیت ویسی ہی سادہ ہے جیسی ان کی تحریر۔ اپنے اس شعری مجموعہ کی اشاعت کے موقع پر وہ کہتی ہیں۔

''اس میں جو کچھ خامیاں ہیں وہ میری اپنی ہیں اور خوبیاں ہیں وہ میرے اساتذہ کرام کی دین اور بزرگوں کی دعاؤں کا نتیجہ ہے''۔ (۳)

ڈاکٹر راحت سلطانہ کے ادبی کارناموں پر صالحہ شاہین نے ڈاکٹر فضل اللہ مکرم کی زیر نگرانی سال 2015ء میں عثمانیہ یونیورسٹی سے پی ایچ ڈی کیا ہے ان کے مقالے کا موضوع ''ڈاکٹر راحت سلطانہ کے فکر وفن کا جائزہ'' ہے جو تحقیقی وتنقیدی دونوں موضوع کا احاطہ کرتا ہے۔ اپنی اس تحقیق کی روشنی میں صالحہ شاہین اس نتیجے پر پہنچتی ہیں۔

''ڈاکٹر راحت سلطانہ بحیثیت ادیب، شاعرہ، نقاد ومحقق اردو ادب میں ایک باوقار مقام کی حامل خاتون ہیں''۔ (۴)

غرض ڈاکٹر راحت سلطانہ نے اپنی ادبی خدمات کے ذریعہ اردو ادب میں نمایاں مقام حاصل کیا ہے۔ دور حاضر کی حیدرآباد کی خواتین مصنفین اور شاعرات میں آپ کا نام اہمیت کا حامل ہے۔ چراغ خانہ رہنے کی آرزو رکھنے والی اس مصنفہ نے اپنے مضامین وکلام کی روشنی سے اپنے معاشرے کو منور کیا ہے۔

حوالے وحواشی:

(۱) ڈاکٹر راحت سلطانہ'' آئینہ نقد ونظر''، ص:۱۱
(۲) ڈاکٹر راحت سلطانہ''ادب اور خواتین''، ص:۱۸
(۳) ڈاکٹر راحت سلطانہ''چراغ آرزو''، ص:۹
(۴) صالحہ شاہین (مقالہ برائے پی ایچ ڈی
ڈاکٹر راحت سلطانہ کی فکر وفن کی جائزہ، ص:۱۸۲

ماہنامہ 'صدائے شبلی' (حیدر آباد)

کے منتخب مضامین کا ایک اور مجموعہ

مذہبی فکر و نظر

مرتبہ : ڈاکٹر محامد ہلال اعظمی

بین الاقوامی ایڈیشن جلد منظر عام پر آرہا ہے